Karin Wyličil

Seelisches Gepäck abgeben

W0045411

Karin Wyličil

Seelisches Gepäck abgeben

Leichter leben

KREUZ

MIX
Papier aus verantwor-
tungsvollen Quellen
FSC® C083411

© KREUZ VERLAG
in der Verlag Herder GmbH, Freiburg im Breisgau 2014
Alle Rechte vorbehalten
www.kreuz-verlag.de

Umschlaggestaltung: Vogelsang Design
Umschlagmotiv: © Masson – Fotolia.com
Autorenfoto: © Studio Pur Fotogen / Julia Gerdt

Satz: de·te·pe, Aalen
Herstellung: CPI books GmbH, Leck

Printed in Germany

ISBN 978-3-451-61262-6

Inhalt

Vorwort

Seelisches Gepäck abgeben und schwere Schlepplasten aus unserem Gepäck aussortieren: Das ist möglich. Bei den meisten Gepäckstücken können wir selbst entscheiden, was wir damit machen wollen. Sicher, es gibt Gepäck, das wir mittragen müssen, den ganzen Weg lang. Uns damit zu befassen ist ein beständiger und lebenslanger Prozess. Doch andererseits nehmen wir sehr viel Gepäck unnötig mit, sammeln es an, vielleicht viele Jahre lang – bis uns die Last zu schwer wird. Den meisten von uns ist dies nicht bewusst. Denn kritisch das eigene Gepäck zu sichten haben viele von uns nicht gelernt oder es war gar verboten; es galten Sätze, die wir vielleicht als Kinder mitbekommen haben wie »Jeder hat sein Päckchen zu tragen« oder »Lerne leiden, ohne zu klagen«.

So bleibt das Aussortieren eine Aufgabe für das Erwachsenenalter: Jetzt können Sie es sich selbst erlauben, nachzusehen, was zu viel und veraltet ist, nicht Ihnen gehört, Ihre Reise unnötig beschwert. Sie dürfen die Dinge genau ansehen und entscheiden, was Sie loslassen und abgeben. Oder was Sie anders packen, damit es besser in den Rucksack passt und leichter zu tragen ist. Sie dürfen sich erlauben, Ihr Leben so zu gestalten, dass Sie sich darin wohlfühlen, denn es ist Ihr Leben.

Auch Loslassen will gelernt sein. Deshalb möchte ich Sie im Folgenden ein Stück Ihres Weges begleiten und Ihnen Anregungen geben, wie Sie Ihr Gepäck untersuchen und Lasten ablegen können. Dabei ist es notwendig, dass Sie sich mit Altem auseinandersetzen, auch wenn das manchmal schmerzhaft ist. Doch der Weg führt zur gesunden Selbstfürsorge; es wird Ihnen immer besser gelingen, beschwerendes seelisches Gepäck zu erkennen und abzuladen. Dann können Sie mit leichterem Gepäck munter gestimmt und lustvoll weiterwandern.

Herzlichen Dank für ihren besonderen Beitrag zu diesem Buch sage ich meinen Klienten und Patienten, die mir gestatteten, Teile ihrer Lebensgeschichte und ihres Therapie-Prozesses mit zu verwenden. Natürlich haben wir einige Details verändert, um ihre Identität zu schützen. Dennoch werden die Beispiele Ihnen, liebe Leserinnen und Leser, veranschaulichen, wie seelische Gepäckabgabe im realen Leben aussehen kann.

Leicht zu leben ohne Leichtsinn,
heiter zu sein ohne Ausgelassenheit,
Mut zu haben ohne Übermut
– das ist die Kunst des Lebens.
Theodor Fontane

Wenn Sie unter starken Belastungen und Beschwerden leiden, die lange anhalten, dann wird dieses Buch keine ausreichende Hilfe bieten können. Ich möchte Sie dann dazu ermuntern, sich mit professionellen Unterstützern in Verbindung zu setzen; Kapitel 8 gibt Ihnen dazu Hinweise.

Der Einfachheit halber und um den Textfluss nicht zu unterbrechen, nutze ich fast durchgehend die männliche Form; ich hoffe, dass Sie, liebe Leserinnen, dafür Verständnis haben.

1. Gepäck sichten und Lasten erkennen

Wir können unser Leben wie eine lange Wanderung betrachten. Unterwegs nehmen wir allerlei Dinge mit, unser Gepäck wird schwerer. Also sollten wir regelmäßig Rast machen, um uns zu stärken und unser seelisches Gepäck auszusortieren: Was brauchen wir nicht mehr, was kann weg? Probleme, Stress, Ärger, Sorgen, Ängste, Zweifel, Sinnfragen: Wer will das schon alles mit sich herumschleppen?

Ist Ihnen Ihr Gepäck zu unhandlich geworden? Haben Sie nach und nach und womöglich gänzlich unbewusst immer mehr kleine Lasten angesammelt? Oder ist plötzlich ein Schwergewicht hinzugekommen? Fühlen Sie sich beschwert und auf Ihrer Wanderung behindert, dann ist es notwendig, sich in Ruhe anzuschauen, was Sie ablegen und weggeben können. Danach werden Sie erleichtert und fröhlich den nächsten Streckenabschnitt begehen.

Dieses Buch will Sie dazu anregen: Begeben Sie sich in den Prozess, innerlich aufzuräumen und überflüssiges Gepäck auszusortieren. Nutzen Sie die Impulse, Anregungen und Übungen als Unterstützung beim Gepäckabladen.

Mir selbst begegnen

Mir selbst begegnen, wie geht das? Hier wollen wir uns ja nicht mit Äußerem oder dem eigenen Spiegelbild beschäftigen. Das Ziel ist ein inneres, ein tiefes Sich-Besinnen und Sich-Bewusstwerden. Befragen Sie sich selbst so, wie ein guter Freund oder eine gute Freundin es tun würde: »Sag mal, was ist eigentlich los mit dir, was bedrückt dich?«

Da Sie Ihr seelisches Übergepäck loswerden möchten, stellen Sie erst einmal für sich klar, was denn das für Lasten sind, die Sie plagen.

Sie fühlen sich unwohl und spüren das – körperlich oder seelisch oder auf beiden Ebenen. Es gibt viele Wege, wie die Seele ausdrücken kann, dass etwas zu viel geworden ist und sie Entlastung braucht. Das kann sich zeigen in anhaltender Traurigkeit, Gereiztheit, Wutausbrüchen, gedrückter Stimmung, Schlaflosigkeit, Ängsten. Vielleicht gehen Sie plötzlich nicht mehr so gerne zur Arbeit, die Sie doch bisher gerne mochten. Oder Sie haben Angst vor gewohnten Wegen. Der Tag liegt scheinbar unbezwingbar wie der Mount Everest vor Ihnen. Beim Aufwachen schon fühlen Sie sich erschöpft, als hätten Sie die Nacht durchgearbeitet. Dinge, die sonst Freude bereitet haben, sind Ihnen plötzlich egal. Sie haben keine Lust auf den Austausch mit Freunden – die möchten Sie ja auch nicht mit Ihren Problemen berieseln. Und, und, und. Jede Seele ist einzigartig und reagiert auf ihre besondere Weise auf Kummer und Stress; sie gibt Hinweise auf zu viele oder schwere Lasten.

Der Körper als Sprachrohr der Seele

Ein körperliches Unwohlsein, das sich zum seelischen gesellt, zeigt, wie sehr Körper und Seele zusammengehören. Oftmals ist es sogar zunächst allein der Körper, der Beschwerden macht, und hinter diesen verbirgt sich eine seelische Not. Wenn der Körper anzeigt, dass die Seele leidet, sprechen wir von psychosomatischem Zusammenhang (aus dem Griechischen: Psyche = Seele, Soma = Körper).

Die zahlreichen Redewendungen dazu kennen Sie aus tagtäglichen Gesprächen; sie kommen nicht von ungefähr:

- Mir schlägt das auf den Magen.
- Es sitzt mir im Nacken.

- Das bereitet mir Kopfzerbrechen.
- Es bricht mir das Herz.
- Ich habe einen Kloß im Hals.
- Ich habe Schiss.
- Ich habe die Schnauze voll.

Viele Menschen erleben es häufig und nehmen es bewusst als Signal wahr, dass sich ihre Probleme im Körperlichen niederschlagen; Rückenschmerzen und Magengrimmen sind zum Beispiel zwei häufig vorkommende Signale. Manchmal ist es aber auch schwerer dahinterzukommen, wenn sich die Seele durch körperliche Beschwerden meldet. Viele Menschen rennen von Arzt zu Arzt, und wenn sich nichts findet, fühlen sie sich als Simulanten abgestempelt und gehen zum nächsten Arzt. Früher wurde von medizinischer Seite oft die Psyche außen vor gelassen und nur das Körperliche betrachtet. Heute entwickelt sich die Ärzteschaft immer mehr dahin, auch die Lebensbedingungen, die innerseelischen Faktoren, Denk- und Verhaltensweisen eines Patienten mit einzubeziehen. Herz-Kreislauf-Erkrankungen beispielsweise sind hierzulande weit verbreitet und die häufigste Todesursache. Doch auch Angst- und Panik-Erkrankungen oder Depressionen sind beispielsweise von Herzproblemen wie Stichen, Rasen, Stolpern, Schmerzen begleitet.

Es gilt: Selbst wenn Sie psychische Begleiterscheinungen erkennen, lassen Sie sich zuerst von einem Arzt untersuchen. Sind körperliche Ursachen ausgeschlossen, wenden Sie sich zudem bewusst Ihrer Seele zu und suchen Sie gegebenenfalls

Das ist der größte Fehler bei der Behandlung von Krankheiten, dass es Ärzte für den Körper und Ärzte für die Seele gibt, wo beides doch nicht getrennt werden kann.

Platon

11

das Gespräch mit einem Therapeuten. Wenn sich der Körper meldet, ist in Betracht zu ziehen, dass da etwas Seelisches noch nicht klar werden oder ans Bewusstsein kommen darf, denn sonst hätten wir das nicht unbewusst an unseren Körper delegiert. Also können wir wahrnehmen, dass da etwas ist, was da genau ist, wie es sich wo wann anfühlt, und dann schauen, ob wir irgendwann eine Verbindung herstellen können durch bewusstere Zuwendung zu unserem inneren Erleben.

Sichten Sie Ihr Gepäck

Schauen Sie einmal ins Innere Ihres Koffers oder Ihrer Reisetasche: Können Sie bereits benennen, worum es bei Ihnen geht, wo der Schuh drückt? Wissen Sie schon, welchen Schuh Sie sich nicht mehr anziehen wollen? Oder welche Jacke nicht mehr passt? Was möchten Sie ablegen? Wovon möchten Sie sich befreien? Was möchten Sie sich von anderen nicht mehr überstülpen lassen?

Wenn Sie bereits ganz klar Ihre seelischen Lasten beschreiben können, dann haben Sie schon ein gutes Stück auf dem Weg zur erfolgreichen Gepäckreduzierung zurückgelegt; Sie können weiterblättern zum nächsten Kapitel. Andernfalls bleiben Sie am besten hier und kommen sich gleich selbst auf die Spur.

Nehmen Sie sich etwas Zeit, in sich hineinzuhören und hineinzuspüren. Achten Sie auf Gedanken und Gefühle, die auftauchen. Manchmal sind es jede Menge Sorgen gleichzeitig und oft ein pures Durcheinander.

Fragen Sie sich, wie Ihre beste Freundin, Ihr bester Freund es tun würde: »Was ist es, was dich bedrückt? Was möchtest du lieber jetzt als gleich loswerden? Zähl einfach alles auf, egal, was und wie viel es ist. Ich höre zu.«

Schreiben Sie alle Gedanken und Gefühle auf, die Ihnen in den Sinn kommen. Oder sprechen Sie sie erst einmal laut aus, malen Sie sie oder kleben Sie entsprechende Bilder auf. Führen Sie sich vor Augen, worum es bei Ihnen geht. Ob es sich um Ärger über den Chef, Frust im Job, eine Sinnkrise, Liebeskummer handelt, um den Verlust eines geliebten Menschen oder um Abnabelungsprobleme von der Familie, um Ängste, fehlende Selbstfürsorge, Selbstwert- oder Abgrenzungsschwierigkeiten: Wenn Sie sich nach besserem Befinden sehnen, hilft nur, die Last zu benennen, die Sie loswerden möchten. Das Innere nach außen zu bringen hilft Ihnen dabei, erst einmal einen Überblick zu bekommen über Ihr Problem, Ihr Thema oder Ihre Themen.

Anschließend stelle ich Ihnen vier Möglichkeiten vor, wie Sie Ihre innere Belastung äußerlich sichtbar machen können. Doch zunächst verschaffen Sie sich am besten erst einmal die Zeit dafür.

Zeit für mich

Um eine Problemortung vorzunehmen, brauchen Sie Zeit für sich allein. Keine Zeit zu haben ist heute geradezu Pflicht. Wenn Sie jemanden treffen, der nicht über Zeitmangel klagt oder gar sagt: »Ooch, ich weiß noch gar nicht, was ich heute vorhabe, ich habe frei«, fällt das auf: Was ist denn mit dem los? Und wenn Sie selbst Ihren freien Tag haben, steht möglicherweise Ihr innerer Zeigefinger parat, der sagt, was noch zu tun ist und welche Termine noch abzuarbeiten sind und notfalls, wer, wenn eine kleine Zeitlücke bleibt, anzurufen ist, war ja längst fällig. Über Zeitmangel klagen fast alle und bei den Ansprüchen der heutigen Zeit ist das auch nicht verwunderlich.

Beantworten Sie sich einmal diese Frage: Was bringt mir das Hetzen und die viele Beschäftigung auch an Vorteilen? Es gibt einen versteckten Sinn: So unangenehm es sein mag, so hilfreich ist es doch, das Gehetze.

Und was würde geschehen, wenn Sie sich einen Tag Zeit nähmen und alles absagten, nur um Zeit mit sich selbst zu verbringen? Würden Sie es genießen können, sich wohlfühlen mit sich allein? Oder meldet sich das eine oder andere ungewollte Gefühl?

Gebraucht zu werden und unentbehrlich zu sein kann zum eigenen Wohlbefinden beitragen, allerdings geht das oft auf die eigenen Kosten. Dennoch verbringen viele Menschen einen Großteil ihrer Zeit damit, zu arbeiten, zu organisieren, sich um andere zu kümmern, zu rennen und immer weiter zu rennen, um sich – und damit ihr Unglück – nicht spüren zu müssen.

Ich fange an

Möglicherweise haben Sie, liebe Leserin, lieber Leser, das Gefühl, getrieben oder fremdbestimmt zu sein. Da hört es sich vielleicht fast provokativ an, wenn Ihnen gesagt wird, Sie sollten sich Zeit für sich nehmen. Es mag Ihnen erscheinen, als könnten Sie nicht selbst entscheiden, denn die Anforderungen von außen drücken so stark, dass es Ihnen undenkbar scheint, sich freie Zeit einzuräumen.

Dabei geht es nicht um eine ganze Woche oder einen freien Tag. Es geht um regelmäßige Zeitinseln. Alle Termine sollten die gleiche Wichtigkeit haben: Ihre Termine mit sich selbst sollten genauso wichtig sein wie eine Verabredung mit einem Kunden, dem Chef oder sonstige Arbeitstermine.

Einen ausreichenden Anfang können Sie machen, indem Sie sich entscheiden, morgens und abends fünf Minuten Zeit abzuknapsen und diese einzuplanen für eine kleine Reflexionszeit. In diesen fünf Minuten können Sie achtsam in sich gehen und nachspüren: Wie geht es mir an diesem Morgen, was fühle ich? Wovor fürchte ich mich an diesem Tag und auf was freue ich mich? Was erwarte ich? Wie ist meine Stimmung? Beschäftigen Sie sich in diesen Minuten nur mit sich und Ihrem inneren Befinden.

Dasselbe tun Sie abends: Wenn Sie möchten, können Sie sich ein Buch anschaffen oder einen Extrakalender und morgens stichpunktartig Befinden und Erwartungen notieren. Abends halten Sie dann Rückschau auf den Tag: Was ist passiert? Wurden die Erwartungen oder Befürchtungen wahr? Wie geht es mir? Wie fühle ich mich und was brauche ich jetzt?

Sich aushalten können und Verdrängtes zulassen

Um sich seines seelischen Gepäcks entledigen zu können, ist es wichtig, sich mit sich zu beschäftigen, sich bewusst Zeit für sich zu nehmen. Wenn wir das tun, dann kann es sein, dass wir feststellen, wie wenig wir es mit uns selbst aushalten – und möglicherweise auch mit den Dingen, die dann in uns arbeiten, und den Gedanken und Gefühlen, die sich bemerkbar machen.

Deshalb ist es gut verständlich, dass wir uns – unbewusst oder bewusst – so viel Verpflichtungen aufhalsen, um nur ja nicht frei und auf uns selbst zurückgeworfen zu sein. Schließlich ist es auch ein wichtiger Schutz unserer Seele, das eine oder andere zu verdrängen. Es ist ein gesunder Impuls, da wir es gar nicht aushalten würden, wenn uns ständig alles Gefühlsgeladene und Sorgenbehaftete bewusst wäre und auf uns einstürmen würde.

Damit wir unseren Alltag bewältigen und einigermaßen gut funktionieren können, hat die Seele dieses Kellersystem: In den entfernten Ort schiebt sie alles hinein, was zu sehr drückt und zieht und uns von unseren Alltäglichkeiten ablenken würde. Doch wenn es zu viel ist oder Erlebtes nicht gut verarbeitet werden oder ordentlich abgelegt werden konnte, wenn es weiter in uns arbeitet, dann wird es sich irgendwann bemerkbar machen. Manchmal bleibt der Seele, die nicht gehört wird, nichts anderes übrig, als ein Stopp-Zeichen durch Krankheit zu setzen – eigentlich ein gesunder Impuls, denn es ist ein lauter Appell: Schau hin und kümmer dich um mich, mir fehlt etwas.

Unsere ureigenen inneren Bewegungen, die Gefühle und Gedanken aushalten zu können ist nicht immer leicht, aber sehr hilfreich, und wir können es trainieren und lernen.

Keine Angst vor Egoismus

Wann ist der Stopp-Punkt erreicht? Natürlich kommt das auf die individuelle Fähigkeit und Bereitschaft zu leiden an, die sehr unterschiedlich ausgeprägt sind. Ich plädiere für ein hohes Maß an Selbstfürsorge und eine niedrige Leidensbereitschaft.

Klingt egoistisch? Ist es auch, aber was gibt es dagegen zu sagen? Hier geht es ja nicht um den uns so unsympathischen Egoismus, der jemanden auszeichnet, der ausschließlich sich selbst im Kopf hat und die anderen vergisst. Es geht um einen gesunden Egoismus, um den gesunden Kontakt mit uns selbst und mit unserem inneren Seismographen: Weiß ich, wie es mir geht? Weiß ich, wie ich mich fühle, was ich brauche und was ich auf keinen Fall will und brauche?

Ohne diesen Kontakt zu uns selbst überschreiten wir ständig unsere eigenen Grenzen und trampeln über uns hinweg. Die Anspannung steigt, ohne dass wir es bemerken, bis es irgendwann »so nicht mehr geht«. Dabei sind nur Sie es, der für sich verantwortlich ist und auch dafür, Sorge zu tragen, dass Sie sich wohlfühlen in einem selbstbestimmten Leben.

Interessanterweise werden ausgerechnet nie die Menschen zu den gefürchteten Egoisten, die immer Angst davor haben, selbstsüchtig zu sein oder zu werden. Sie sind zu sehr daran gewöhnt, sich um andere zu kümmern und zu sorgen und ihnen zu dienen.

Wenn etwas ziept: Hinschauen und bearbeiten, das ist mein Vorschlag, um Ihre seelische Last zu erleichtern. Sie haben ein Recht darauf, dass es Ihnen gut geht. Wenn Sie anderer Ansicht sind, können Sie sich, wenn Sie mögen, gleich eingehender damit beschäftigen: Kapitel 5 handelt vom Loslassen und von der Beziehung zu sich selbst.

Ehrlich zu sich sein

Im Prozess der Problemortung, Bestandsaufnahme und Selbsterkennung braucht es Ehrlichkeit zu sich selbst. Das kann Angst machen. Hier gilt es, die Ängste nicht wegzudrücken, sondern anzunehmen und trotzdem weiterzumachen. Wie oft handele ich aus Angst? Zum Beispiel aus Angst, jemanden zu verlieren, bestraft zu werden, nicht genug zu bekommen? Wie oft verbiege ich mich, um anderen zu gefallen, um Konflikten aus dem Weg zu gehen, um geliebt zu werden? Ehrlich zu uns selbst sind wir sowieso nicht hundertprozentig, weil wir uns ja nicht mal aller unserer inneren Vorgänge bewusst sind. Aber wir können etwas mehr Licht ins Dunkel bringen, wenn wir darüber nachdenken, an welchen Ecken wir uns selbst getäuscht haben. Was würde das Kind, das Sie einst waren, über den Menschen denken, der Sie jetzt sind? Kinder sind ehrlich: Sie fühlen und reagieren unmittelbar.

Problemortung: Worum geht es?

Beim Gepäcksichten beantworten Sie bitte zuerst diese drei Fragen:

1. Ist es eines oder sind es mehrere Gepäckstücke, die Sie nicht mehr schleppen wollen?
2. Tragen Sie Ihre Last bereits länger mit sich herum, ist es also ein altbekannter Koffer?
3. Geht es um eine akute Schwierigkeit?

Machen Sie eine seelische Inventur: Gibt es mehrere Themen, die Sie belasten? Oder ist es ein Thema, dass Sie in vielerlei Hinsicht drückt? Vielleicht gibt es manches Gepäckstück, das Sie zu viel mit sich herumschleppen. Vielleicht ist es nur nötig, einen Koffer einmal zu öffnen und einige schwergewichtige Dinge auszusortieren. Möglicherweise brauchen Sie demnächst nur noch eine kleine Reisetasche, mit der Sie voller Elan weiterwandern können.

Betrachten Sie jetzt Ihr Gepäck: Visualisieren kann Ihnen dabei helfen, Inneres nach außen zu bringen; Sie sind schon mal ein Stückchen los. Visualisieren hilft auch zu sortieren, denn wenn wir einen Zusammenhang in einem Bild sichtbar machen oder in Worten geschrieben sehen, wird er auch im Kopf klarer.

Es ist nicht notwendig, Probleme zu visualisieren. Wenn Sie sich darauf nicht einlassen wollen, dann bleiben Sie einfach bei der gedanklichen Vorstellung Ihres inneren Gepäcks.

Allerdings ist das Visualisieren auch eine Form von Handeln, das Sie aus Ihrem inneren Erleben herausbringt und damit von sich weg. Das wird immer wieder die Balancefrage sein, wenn Sie mit diesem Buch arbeiten: Wie kann ich mich meinem Inneren zuwenden und es aushalten? Wenn Sie merken, dass es schwer auszuhalten ist, dass der Druck zu groß wird oder Verwirrung einsetzt, dann können die im Folgenden vorgestellten Übungen zum Aufschreiben Sie ein wenig auf Abstand zu Ihrem Inneren bringen. Aus etwas Distanz mag es leichter fallen, sich alles anzusehen. Immer wieder sind Sie also gefragt, selbst zu überprüfen, wie viel Sie sich zumuten können und wann Sie in den schonenden Abstand gehen, der ein Schutz und durchaus sinnvoll ist. Darum schlage ich oft Übungen zum Aufschreiben vor. Sie können sie stattdessen aber auch Denkpausen nennen und es so einrichten, dass Sie einfach Ihren Blick nach innen richten – ohne Papier und Stift. Schauen Sie jetzt auf Ihr Gepäck.

1. Übung: Liste mit Gepäckstücken

Können Sie bereits Ihre Gepäckstücke benennen oder das, was sich in Ihrem Problemkoffer befindet? Oder sind es mehrere Themen? Dann tragen Sie gleich hier Ihr Thema oder Ihre Themen ein. Vielleicht können Sie schon ein Oberthema entdecken, das sich hinter mehreren kleineren findet:

🧳 _____

🧳 _____

🧳 _____

🧳 Oberthema:

_____

Wenn Sie begonnen haben, Ihr Thema aufzuschreiben, dann werden Sie vielleicht bemerkt haben, dass Gedanken und Gefühle aufsteigen. Lassen Sie Bilder und Emotionen kommen, nehmen Sie sie – wenn es geht, bitte ohne Bewertung – wahr und lassen Sie sie wieder ziehen. Es geht erst einmal nur um eine Bestandsaufnahme.

Oder malen Sie sich einen Koffer oder eine Tasche groß auf ein Zeichenblock- oder Flipchartblatt und schreiben Sie einfach Stichwörter in Ihre Zeichnung für alles, was Sie ängstigt, beschwert, ärgert – einfach alles, was sich darin befindet.

2. Übung: Eine Collage gestalten

Wenn die Stimmung trüb ist und Sie gar nicht richtig wissen, was los ist, oder wenn Sie sich mit Bildern besser ausdrücken können als mit Worten, dann machen Sie eine Collage ohne Thema: Zeitschriften raussuchen und Bilder rausreißen oder -schneiden, die Sie ansprechen. Kleben Sie dann eine Collage auf, die Ihnen stimmig erscheint.

Dabei legen Sie vorher kein Thema fest. Sie nehmen einfach nur Bilder, die Sie in irgendeiner Weise ansprechen, und kleben sie zusammen auf zu einem großen Bild, das Ihnen am Ende gefällt. Schlafen Sie eine Nacht darüber und dann nehmen Sie sich die Collage noch einmal vor.

Schauen Sie auf Ihre Collage und finden Sie heraus, welche Themen symbolisch dahinterstecken. Dafür brauchen Sie keine Symboldeutungsbücher, verlassen Sie sich auf Ihre spontanen Einfälle. Hilfreich ist auch, Ihre Collage mit einem Freund oder einer Freundin zu betrachten: Was sieht der andere in meinem Bild?

Was erzählt Ihnen Ihr Bild: Haben Sie etwas ausgesucht, das Ihnen gut gefällt, oder etwas, das Ihnen fehlt? Für welches Thema könnte es stehen? Bilden Sie Assoziationsketten, bis Sie das Thema oder die Themen herausgefunden haben. Anschließend ordnen Sie zu: Geht es um Abgrenzung, Aggression, Selbstfürsorge, Selbstwert, Trauerarbeit? Ist das Thema schon länger in Ihnen oder handelt es sich um eine akute Angelegenheit? Damit haben Sie schon ein ganzes Stück geschafft. Im Prozess einer Lebensberatung oder Psychotherapie erlebe ich es oft, wie unterschiedlich Klienten ihre Collagen wahrnehmen zu unterschiedlichen Zeitpunkten.

Zu Beginn meint der Klient beispielsweise: »Die Telefonzelle habe ich nur als Form genommen. Das Gelb passte als Farbe gut, weiter hat sie nichts zu bedeuten.« Nach einigen

Monaten im Gespräch mit sich selbst und mit mir und nachdem er seine Themen und Gefühle des Alleinseins und der Hilflosigkeit bearbeitet hat, heißt es: »Wenn ich mir meine Collage nun ansehe, könnte die Telefonzelle schon ein Wunsch gewesen sein, jemanden anzurufen, weil ich Hilfe und Kontakt suchte.«

Oder der Klient schafft in dem Ausgangsbild eine Welt, wie er sie sich ersehnt: All das ist zu sehen, was er entbehrt. Nach einiger Zeit der Auseinandersetzung mit den eigenen inneren Themen und mittlerweile im Frieden mit sich selbst, sieht der Klient, dass er sich diese Welt selbst tatsächlich geschaffen hat, dass sie nun genauso ist und er sich zufrieden fühlen kann.

Menschen nehmen die Veränderung, die sie durchleben, wahr und sie entdecken mit zeitlichem Abstand und bei neuer Betrachtung ihrer Collage, dass sie bereits unbewusst ihre Wünsche, Sorgen, Persönlichkeitsmerkmale, Beziehungen und Themen dort aufgeklebt hatten.

3. Übung: Eine Mindmap mit Problemblasen erstellen

Sie können Ihr Gepäck auch durch eine Kombination von Bild und Wort sichten. Mindmaps sind für jede erdenkliche Planungs- und Sortiersituation geeignet. Eine Mindmap bringt Ordnung und Übersicht ins Gewirr und zeigt auf, welches Thema zu welchem Problem gehört.

Schreiben Sie Ihre Themen auf und malen Sie jeweils einen Kreis darum. Ordnen Sie diese Problemblasen im Kreis an, verdeutlichen Sie, welche Themen miteinander verbunden sind. Überlegen Sie, was diese Themen verbindet, ob es ein zentrales Thema gibt und welches das Hauptthema sein könnte.

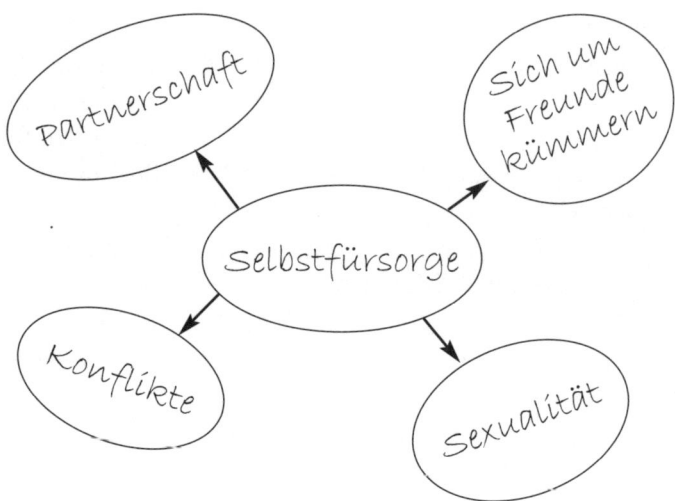

In der Abbildung sehen wir zum Beispiel, dass die Person ihre verschiedenen Bereiche auf Schlagworte reduziert, dann im Kreis angeordnet und sein zentrales Hauptthema in der Selbstfürsorge gefunden hat, das in allen seinen angegebenen Themen enthalten ist. Mit Blick auf die Sorge für und um sich selbst kann er nun die einzelnen Gebiete abtasten und darauf schauen, was er sich für jedes einzelne Thema wünscht und wie er dies umsetzen kann.

Vom wichtigen Zeitpunkt

Stellen Sie Ihre feinen Antennen, die Sie ständig auf Ihre Mitmenschen richten, um deren Stimmungen wahrzunehmen, immer wieder auch auf sich selbst ein. Selbstbegegnung bedeutet, über sich selbst nachzudenken: Wann haben die Sorgen angefangen? Welches war der Zeitpunkt, an dem Sie begonnen haben, sich nicht mehr wohlzufühlen? Was war gerade los? Und wann wurde es unerträglich? Gab es Anzeichen, die gezeigt haben, dass etwas nicht stimmt, die Sie aber erst einmal beiseitegeschoben haben?

Sorgen hat man ja immer mal wieder. Aber es gibt dann irgendwann den Punkt, an dem der Druck zu groß wird: Wann war das? Kam mehreres zusammen oder zu den vielen kleinen Malessen noch ein großes Problem hinzu?

Wann ist der wichtige Zeitpunkt, anzuhalten und innezuhalten?

Da Sie bereits beim Lesen dieses Buches sind, haben Sie offenbar bereits erkannt: Der richtige Zeitpunkt ist jetzt.

In Kontakt mit sich sein

Wenn Sie körperliche Schmerzen oder Beschwerden haben, fragen Sie sich, was symbolisch dahinterstecken könnte: Sitzt Ihnen bei Schmerzen im Nacken auch die Angst im Nacken oder ist es unverarbeitete Trauer, die Sie als Rückenschmerz plagt? Ist es unterdrückte Wut, die den Blutdruck hochschnellen oder den Magen krampfen lässt?

Die Frage, wie sich Ihr Befinden körperlich ausdrückt, sollten Sie sich übrigens immer stellen, nicht nur, wenn etwas wirklich schmerzt. Wenn wir uns freuen oder belustigt sind, spüren wir das auch in unserem Körper.

> Die 1-Minute-Übung: Nehmen Sie sich mehrmals am Tag 1 Minute Zeit und tasten Sie Ihren Körper innerlich genauso ab wie Ihre Seele: Wie fühle ich mich emotional und wo spüre ich das körperlich? Ihr Körper und Ihre Seele werden es Ihnen danken!

In Kontakt mit sich zu sein bedeutet,

- sich selbst wahrzunehmen und besser zu verstehen
- und dadurch mehr liebevolles Verständnis für sich zu entwickeln,
- weil Sie sich weniger bewerten und verurteilen.

Und es bedeutet,

- besser für sich sorgen zu können,
- damit Sie unnötiges Gepäck zurücklassen können und sich wieder wohler fühlen.

So in sein Inneres zu gehen kann sehr anstrengend sein. Aber es lohnt sich, denn damit befinden Sie sich bereits auf dem Weg zu sich selbst und zu mehr innerer Ausgeglichenheit. Genügend Proviant sollten Sie auch dabeihaben, sowohl symbolischen für die Seele als auch handfesten für den Körper, damit Sie gestärkt sind auf Ihrer Reise.

Geduldig sein mit der Seelenschnecke

Geduldig zu sein ist manchmal schwer, vor allem, wenn man leidet und sich schrecklich fühlt. Wenn Sie sich nun Zeit genommen haben, sich selbst zu begegnen und sich zu fragen, was Sie eigentlich umtreibt, dann schauen Sie einmal auf die Diskrepanz zwischen Verstand und Seele: Des Öfteren müssen wir feststellen, dass Verstand und Seele getrennte Wege gehen. Und das zeigt sich nicht nur in den unterschiedlichen Richtungen, die beide gehen, sondern auch im Tempo bei der Entwicklung von Neuem. Während der Verstand oftmals auf der Galopprennbahn anzutreffen und schon meilenweit vorausgaloppiert ist, befindet sich die Seele im Kriechmodus gerade mal kurz hinter den Startlöchern. Die Seele ist eine Schnecke. Sie braucht Zeit für ihre Entwicklung, damit sie ihre Fühler ausstrecken und genau ertasten und prüfen kann, ob sie den neuen Weg auch gehen und ob sie wirklich diese Richtung einschlagen will. Sie braucht Zeit, bis sie die Dinge tief versteht und umsetzt, die der Verstand schon lange abgehakt hat. Wenn mir der Verstand schon seit Jahren sagt, dass das nicht der richtige Beruf ist, den ich ausübe, oder nicht der richtige Partner, mit dem ich lebe, oder ich eigentlich umziehen müsste, dann heißt das noch lange nicht, dass ich wirklich in Bewegung komme und unmittelbar Veränderungen in Angriff nehme. Die Seelenschnecke ist halt noch nicht so weit. Zudem haben wir zu den meisten Dingen, Entscheidungen und Einstellungen selbst unterschiedliche Standpunkte und Gefühle – und die sind manchmal auch noch gegensätzlich: Wir sind Ambivalenzen ausgesetzt. Die Seele ist so schlau und sorgfältig, alle Standpunkte und Gefühle zu prüfen, bevor sie Gewohntes verlässt und zu neuen Ufern aufbricht. Sie werden also nicht umhinkommen, bei Ihrer Reise zu sich und mit sich eine Extraportion Geduld mitzunehmen.

Es ist besser, mit drei Schritten zum Ziel zu kommen, als sich mit einem Sprung das Bein zu brechen.

Afrikanisches Sprichwort

Veränderung ist schwer, Glück auszuhalten auch

So gerne wir uns verändern möchten: Es gibt immer auch einen Teil in uns, der Veränderung nicht mag. Manchmal scheint es die bessere Lösung zu sein, in einer schwierigen Situation auszuharren, weil wir Angst vor dem Neuen haben. Wir sind es nicht gewohnt, das Neue erscheint uns nicht heimelig. Denn heimelig kann auch das Unangenehme und Schreckliche sein, einfach weil wir es schon immer kennen und gewohnt sind. Und der Teil in uns, der keine Veränderung möchte, liegt oft im Unbewussten und kann auch nicht mit der Brechstange angegangen werden. Und das ist auch gut so. Wenn wir alle Veränderungen leicht aufnehmen würden, wo wäre dann unsere Beständigkeit? Es gäbe ein ständiges windiges Hin und Her und auch schlechte Veränderungen würden wir viel zu schnell und überstürzt durchführen. So ist dieser Beharrungswunsch auch ein guter Schutz. Es stellt sich sogar umgekehrt bei der Suche nach Veränderung und zum Erfreulichen hin die Frage: Wenn sich plötzlich alles so ergäbe, wie ich es gerne hätte, würde ich das überhaupt aushalten können? Also bringen wir besser die Geduld für unsere Seelenschnecke auf.

2. Gefühle zulassen, erkennen und annehmen

Möglicherweise haben Sie Ihre belastenden Themen bereits erkannt. Oft sind sie wegen der vielen unterschiedlichen Gefühle, die wir gegenüber Themen, Personen und Ereignissen haben, schwer erkennbar. Oftmals mögen wir unsere eigenen Gefühle auch gar nicht, wir möchten sie loswerden. Aber ignorieren klappt nicht, denn hinter den Gefühlen steht ja Wichtiges.

Gefühle sind oft unberechenbar. Hier und da schleichen sie sich an wie Diebe, um einen hinterrücks zu überfallen, um einem Kraft zu rauben. Ab und zu sind sie wie Flutwellen schon in Sichtweite, doch unausweichlich – und überrollen uns. Manchmal kommen sie daher wie gute Freunde, die uns beschenken. Gefühle wie Glück oder Zufriedenheit können sich langsam einstellen oder plötzlich in uns aufwallen. Ebenso geht es mit Traurigkeit oder Wut. Gefühle können unangenehm sein oder angenehm. Sie können an unseren Kräften zehren oder auch Kraft schenken. Und manchmal haben sie Tarnkappen auf und wir erkennen sie überhaupt nicht. Das heißt allerdings nicht, dass sie nicht da sind und in uns wirken.

Es gilt, unsere Gefühle zu erkennen und zuzulassen: Nur so können wir lernen, mit ihnen umzugehen. Nur so können wir verhindern, dass unsere Gefühle mit uns machen, was sie wollen. Deshalb widmen wir uns in diesem Kapitel ganz dem Wahrnehmen und Bestimmen unserer Gefühle, auch den ungeliebten, sowie dem Umgang mit ihnen.

Manch einer meint: Denke anders, dann ändert sich dein Gefühl. Aber wie können wir ein Gefühl ändern, wenn wir es noch gar nicht erfasst haben? Also sollten wir den umgekehrten Weg gehen: Nimm deine Gefühle wahr, und dein Denken wird sich ändern.

Was ist ein Gefühl?

Gefühle sind leicht zu verwechseln mit Gedanken. Wenn ich in meiner Praxis Menschen frage, was sie fühlen, sagen sie zum Beispiel: »Ich fühle, dass er Unrecht hat.« – »Ich fühle, dass sie das hätte anders machen sollen.« – »Dass sie es nicht ernst meinen.« Dann gehe ich noch einmal genauer darauf ein: Was ist ein Gefühl? Ein Gefühl ist kein Gedanke, kein Eindruck und keine Meinung, es ist eine Emotion wie Wut, Trauer, Hass, Liebe, Freude, Sehnsucht. Das Gefühl wird in unseren Wörterbüchern auch umschrieben als emotionale Gemütsbewegung, emotionale Regung, Leidenschaft, Gemütslage. Es geht dabei um eine Erregung durch eine innerseelische Wahrnehmung. Wir können von einem Gefühl ergriffen, durchdrungen sein. Mal angenehm, mal unangenehm und manchmal scheint ein Gefühl kaum auszuhalten zu sein.

Besonders anspruchsvoll wird es, wenn wir gleichzeitig gegensätzliche Gefühle in uns ausmachen. Das kann verwirrend, manchmal auch beängstigend sein. Ab und zu mag dann der Gedanke auftreten: Mit mir stimmt was nicht. Ich kann doch nicht jemanden gleichzeitig wegwünschen und Sehnsucht nach ihm haben? Ich kann doch nicht um jemanden trauern und gleichzeitig wütend auf ihn sein? Aber doch: Das geht – schließlich fühlen wir es. Und wer solche gegensätzlichen Gefühle in sich wahrnimmt, ist keinesfalls ungewöhnlich, sondern alles geht seinen normalen Gang, manchmal eben mit gegensätzlichen Gefühlen. Bevor wir uns aber gegensätzliche Gefühle ansehen: Wie können wir überhaupt ein einziges Gefühl bestimmen? – Die folgende Übung ist dabei hilfreich.

Übung: Ein Gefühl bestimmen, nach außen bringen und den inneren Ort erkennen

Gefühle können sich in der Seele und überall im Körper ausdrücken. Sie können sich über unsere Sinne bemerkbar machen oder durch Sinnesreize sogar hervorgerufen werden. Die folgenden Fragen helfen Ihnen, das Gefühl zu erkennen. Es ist nicht notwendig, dass Sie alle Fragen beantworten, es genügt, wenn Ihnen nur zu einer etwas einfällt:

Wo genau im Körper spüren Sie das Gefühl? Ist es der Magen, die Kehle, die Brust? Spüren Sie in sich hinein, wenn Sie möchten, schließen Sie die Augen. Wenn Sie den Ort in Ihrem Körper gefunden haben, wo sich das Gefühl zeigt, schreiben Sie ihn auf. Notieren Sie außerdem, ob es ein Schmerz, ein Kratzen, ein Drücken, ein Zwicken ist.

✏ _____

Der direkteste Weg eines Sinneseindrucks in das limbische System, in die Gefühlszentrale unseres Gehirns, ist der Geruch. Wenn Sie sich einen Geruch, einen Duft oder Gestank vorstellen, welcher Duft passt zu Ihrem Gefühl? Notieren Sie:

✏ _____

Denken Sie an eine Musik, die zu Ihrem Gefühl passt, oder schalten Sie das Radio ein und hören Sie in die Sender hinein, welches Lied zu Ihrer Stimmung passt. Beschreiben Sie die Musik mit Ihren eigenen Worten hier:

✏ _____

Können Sie Ihrem Gefühl eine Farbe zuordnen?

✏ _____

Welche Form hätte Ihr Gefühl?

Ihre Antworten zeigen Ihnen, in welche Richtung es geht: Trauer hört und fühlt sich anders an und hat eine andere Farbe als Wut und diese wieder anders als Neid, Freude oder Sehnsucht. Können Sie Ihr Gefühl bereits benennen? Versuchen Sie es!

Wenn Sie Ihr Gefühl schon genau benennen konnten, wie »traurig« oder »wütend« oder »verletzt«, haben Sie durch die Übung ein äußeres Bild für Ihr Gefühl gewonnen; es ist nun greifbarer und Sie haben es gewissermaßen nach außen transportiert. Möglicherweise ist dadurch schon ein wenig Entlastung eingetreten.

Wenn du einen Riesen siehst, der mit dir kämpfen will, dann sei ohne Furcht. Untersuche zuerst den Stand der Sonne, dann wirst du sehen, dass der Riese vielleicht nur der Schatten eines Zwerges ist.

Chinesisches Sprichwort

Konnten Sie zuvor Ihr Gefühl nicht richtig fassen, geschweige denn benennen, dann sollte Ihnen die Übung nun geholfen haben zu erkennen, um welches Gefühl es sich handelt. Probieren Sie es getrost immer wieder aus: Sie ertasten, wo und wie ein Gefühl sich in Seele und Körper lokalisiert, sodass Sie in Zukunft schneller erkennen können, um welche Emotion es sich handelt.

Gefühle haben Namen

Ergänzen Sie die folgende Liste um die Ihnen besonders
vertrauten Gefühle:

Angenehme Gefühle
Freude, Staunen, Interesse _____

_____

Unangenehme Gefühle
Traurigkeit, Ärger, Angst, Scham, Überdruss _____

_____

Komplexere Gefühle
Liebe, Hass, Leidenschaft _____

_____

Kontrolle lockern – Gefühle erlauben

Wollen wir lästiges Gepäck abladen, müssen wir zuvor unsere
Gefühle zulassen. Sie dürfen da sein und Raum greifen. Die
Angst, dass Gefühle uns überrollen oder so groß werden, dass
wir sie nicht mehr im Griff haben, ist allgegenwärtig. – Was
bedeutet Ihnen Kontrolle? Vielen Menschen ist es aus Angst
vor Chaos und Haltlosigkeit sehr wichtig, die Kontrolle nur ja
nicht abzugeben. Doch es geht keineswegs darum, die Kontrolle beim Umgang mit Gefühlen vollständig abzugeben.
Vielmehr lade ich Sie ein, Ihre Kontrolle zu lockern, sich ein
bisschen gehen zu lassen, damit Sie Ihre Gefühle überhaupt
wahrnehmen können. Der innere Seismograph zeigt uns an,
wann wir traurig, ärgerlich, wütend, freudig-fröhlich, glücklich oder aufgeregt sind. Es ist nicht notwendig, in Extremen
zu leben: keine Kontrolle und Chaos versus Kontrolle und
Disziplin mit eingesperrten Gefühlen. Eine gute Balance zwischen beidem ist möglich. Sie können ein wenig die Grenzen

lockern, nachspüren, was in Ihnen ist, und selbst die Dosierung vornehmen. Wenn Sie merken, es wird zu viel, stoppen Sie das Einfühlen; lenken Sie sich ab und machen Sie Pause von der Gefühlserkundung.

Menschen haben vor allem Schwierigkeiten damit, negative Gefühle zuzulassen. Mit Freude umzugehen haben wir gelernt; Traurigkeit und Wut sind dagegen oft ungeliebte Erscheinungen, die schnell weggedrängt oder unterdrückt werden. Warum dürfen solche Gefühle nicht sein? Auch das ist eine Frage dessen, was wir gelernt haben. Wenn ich in besonders traurigen Situationen das Gefühl habe, das darf nicht sein, ich muss mich schnell ablenken und das Gefühl bekämpfen, ist das für mich ein Signal. Dieses Verbot ist wahrscheinlich nicht erst seit einigen Tagen aktuell, sondern schon Jahre, möglicherweise mein ganzes Leben lang, eine Familientradition, die ich brav angenommen und weitergetragen habe.

Nachdem wir ein unangenehmes Gefühl erkannt haben, ist daher die wesentliche nächste Frage: Darf dieses Gefühl sein? Wenn nicht, warum nicht? Wie wurde beispielsweise Trauer in der Familie gelebt, wie wurde mit Wut umgegangen, was passierte, wenn ich meinem Neid Ausdruck verlieh? Wurden diese Gefühle angenommen und gewürdigt oder verurteilt und abgewiesen? Möchte ich heute nicht anders damit umgehen?

Denn Gefühle lassen sich nicht einfach wegschicken, auch wenn es im ersten Moment so anmutet. Die Gefühle arbeiten weiter in uns, sie blubbern und brodeln wie ein aufgesetzter Eintopf, sie entwickeln Aromen und beißende Gerüche, die an die Oberfläche steigen, bis sie nicht mehr zu übergehen sind. Ein Gefühl mag leise beginnen, Sie können es zunächst noch überhören, aber dann wird es lauter und kann bis zum ohrenbetäubenden Lärm oder zum piepsenden Tinnitus anschwellen.

Gehen wir zurück zu unserem Reisegepäck: Eine mit Kieselsteinchen gefüllte Tasche können wir eine ganze Weile tragen, aber nach und nach oder durch ein besonderes Ereignis können aus den Kieselsteinchen Pflastersteine werden, manchmal auch Felsklumpen, die uns komplett blockieren, sodass wir nicht weitergehen können. Unsere Gefühle stehen uns dann buchstäblich im Weg. Sobald wir aber erkannt haben, welches Gefühl oder welche Gefühle uns plagen, und sobald wir diese zulassen, haben wir schon die entscheidenden Vorbereitungen zum Gepäckabladen getroffen.

Die traurige Wut

Eine Frau wurde ihre Trauer nicht los. Seit 10 Jahren trauerte sie um ihre Mutter. Sobald man sie auf ihre Mutter ansprach, kamen ihr die Tränen, und so vermied man es schon, von ihr zu sprechen. Bei näherem Betrachten der Situation stellten wir fest, dass die Frau niemals wirklich um ihre Mutter getrauert hatte. Sie hatte ihr versprochen, sich um den Hof zu kümmern, den die Mutter hinterließ, und das tat sie auch. Zeit zum Trauern blieb nicht und kein Raum ihr eigenes Leben zu gestalten. Die Frau entschloss sich, ihrer verstorbenen Mutter einen Brief zu schreiben, sagte dann aber zu mir: »Das geht so nicht, ich muss den Brief neu schreiben. Ich habe da so viele wütende Sachen hineingeschrieben, die müssen wieder raus.« Daraufhin widmeten wir uns der Frage: Wer sagt, dass man auf Tote nicht wütend sein darf? Die Frau machte einen weiteren Versuch; sie begab sich an einen bestimmten Ort, um mit ihrer Mutter zu schimpfen: Dass sie ihr so eine schwere Bürde aufgelastet habe, sich um den Hof zu kümmern, und sie ihr eigenes Leben deswegen vernachlässigen müsse. Dass die Mutter sie einfach im Stich gelassen habe und vieles mehr. Die Frau ließ tatsächlich alle Gefühle der Wut zu, sie gab ihnen Raum. Sie kam erleichtert wieder zum Gespräch zu mir.

- Sie hatte hinter der nicht enden wollenden Trauer ihre Wut entdeckt.
- Sie hatte sich die Wut erlaubt und konnte so auch Abschied von der Mutter nehmen.

Auf diese Weise konnte diese Frau ihr eigenes Leben wieder aufnehmen und leben. Sie entschied sich, den Hof zu verlassen, und trug nun eine befreite liebevolle Erinnerung an ihre Mutter in sich. Sie konnte von ihrer Mutter erzählen und dabei lachen, das schwere Gefühl und die Tränen waren verschwunden, denn alles hatte seinen Platz bekommen. Die Frau hat diesen Prozess übrigens mit einem Ritual abgeschlossen: Sie vergrub den Brief – in der Fassung, wie sie ihn zunächst geschrieben hatte – an dem Ort, an den sie gegangen war, um mit ihrer Mutter zu schimpfen. Seither geht sie auch dorthin, um ruhig mit ihrer Mutter zu sprechen, denn sie ist versöhnt.

Tränen zulassen

Tränen sind ein heikles Thema. Wir erlauben uns, fröhlich zu sein und zu kichern, wir haben Spaß daran, uns auszuschütten vor Lachen, bis uns die Tränen die Wangen herunterlaufen. Aber wenn es Tränen aus Schmerz oder aus Wut sind oder gar aus Angst, geht es manchem von uns so, dass er denkt: Das darf nicht sein. Wir beginnen uns dann zu schämen, werden wütend auf uns selbst, kritisieren uns: »Stell dich nicht so an. Reiß dich zusammen.« Wenn Sie diese oder ähnliche Sätze zu sich sagen, dann fragen Sie sich doch einmal: Woher kennen Sie den Satz? Wer hat den immer gesagt?

Es geht noch immer das Gerücht, wer weint sei schwach. Dabei ist das Gegenteil der Fall. Wahre Stärke zeigt jeder, der sich nicht nur erlaubt, seine Gefühle zu fühlen, sondern sie auch zeigt. Es gibt keinen Grund, sich seiner Gefühle zu schämen. Sie sind Teil von uns wie unsere Arme und Beine, unsere Erfolge und Kleider. Sie zu verstecken ist unnötig und kostet viel Kraft.

Wenn Sie sich manchmal fragen: Wieso fühle ich mich so kraftlos? Dann tasten Sie sich doch einmal innerlich ab: Gibt es Gefühle, die ich mir nicht erlaube? Gibt es Gefühle, die ich mir zwar erlaube, aber verstecke? Was wir vor anderen verstecken, das verbergen wir oft auch vor uns selbst. Doch jeder reagiert anders: Der eine erlaubt sich die Wut, würde aber niemals vor anderen weinen. Der andere weint hemmungslos, doch Aggression verbietet er sich, obwohl sie seit Urzeiten genauso zu uns gehört wie die Tränen.

Unsere urzeitlichen Vorfahren jagten, erlegten und brieten Mammuts. Die Vegetarier sammelten Beeren, Nüsse und Pflanzen. Die Mahlzeiten wurden zubereitet und genossen, denn man brauchte Kraft für den nächsten Tag. Kam nun einer aus der Nachbarsippe und versuchte, den erfolgreichen Jägern oder Sammlern Mammutbraten oder Pflanznussbratling wegzunehmen, waren drei Reaktionen möglich: Bestand eine Chance, den gierigen Nachbarn in die Flucht zu schlagen, lohnte sich Aggression, um die Nahrung beziehungsweise das eigene Überleben zu sichern. Schienen die Chancen, ihn zu vertreiben, gering, stellte sich Angst ein und infolgedessen der Drang, schnell davonzurennen. Wenn aber dafür gar keine Zeit mehr blieb, hatte unser Vorfahr nur eine letzte Möglichkeit: sich tot stellen und hoffen, davonzukommen.

So gehören seit Urzeiten die Aggression, die Angst und die Erstarrung genauso zum Leben wie die liebevollen Gefühle, denn wir brauchen sie – heute wie damals – zum Überleben und um uns abzugrenzen. Doch leider setzen wir oft den Totstellreflex oder die Angst ein, statt klar zu sagen, was uns ärgert, stört, nicht passt, womit wir einfach nicht gut leben können.

Was bedeutet das für Sie? Wie sieht es bei Ihnen mit Wut, Aggression und Angst aus? Können Sie diese Gefühle äußern, können Sie sich auch solche Gefühle erlauben und auch Tränen?

Übung: Wie sieht mein Trost aus?

Nehmen Sie sich ein kleines Gepäckstück vor, bei dem Trauer oder Wut eine Rolle spielen. Erinnern Sie sich zum Beispiel an eine Situation in Ihrer Kindheit, in der Sie traurig oder wütend waren, nichts besonders Schlimmes, sondern eine kleine Situation, in der Sie etwas verloren oder sich gestoßen haben, wegen einem abgesagten Besuch oder Ähnlichem traurig oder wütend waren. Schreiben Sie die Situation in Stichpunkten auf:

_____

_____

Hat Sie jemand getröstet? Wie wurde mit Ihrer Wut umgegangen? Wurde die Traurigkeit angenommen, hat jemand mit Ihnen gefühlt? Oder wurde die Traurigkeit schnell weggetröstet, durfte sie gar nicht sein, sodass Sie Traurigkeit als etwas erleben, das nicht sein darf? Oder hat jemand mit Ihnen geschimpft oder verlangt, das Gefühl zu unterdrücken: »Stell dich nicht so an, reiß dich zusammen!« – »So schlimm ist das doch nicht.« Oder waren Sie gänzlich alleine in diesen Situationen und mussten lernen, stark zu sein?

Was auch immer passiert ist, lassen Sie es zu, sich daran zu erinnern. *Hinweis: Wie erwähnt sollte es sich um eine kleine Situation handeln und nicht um schwerwiegende Ereignisse. Menschen mit Traumatisierungen brauchen bei Erinnerungsarbeit professionelle Begleitung. Wenn Sie schwerwiegende Situationen erlebt haben, sollten Sie nicht allein damit arbeiten.* – Dann überlegen Sie sich, was Sie damals gebraucht hätten. Stellen Sie sich vor, wie Sie jemand in den Arm, an die Hand oder auf den Schoß nimmt, wie jemand ruhig mit Ihnen spricht oder lediglich neben Ihnen sitzt, es aushält, zulässt und Ihnen »erlaubt«, traurig zu sein. Versuchen Sie nun, selbst diese unterstützende Person zu sein. So etwas klappt nicht auf Anhieb, denken Sie an die Seelenschnecke und bleiben Sie geduldig mit sich.

Notieren Sie, was Sie gebraucht hätten und/oder was Sie jetzt brauchen, das Sie trösten könnte.

»Was tröstet dich, wenn du traurig bist?«, habe ich einige Menschen gefragt. Sie antworteten mir:

- Nicole, 36: Melancholische Musik zum Mitheulen. Danach geht's meistens etwas besser.
- Sina, 68: Allein zu sein. Danach ein Gespräch mit meinem Mann.
- Susanne, 16: Mit meiner Tante telefonieren, Musik, Gebet, Gespräche, Umarmungen.
- Antje, 51: Ein Spaziergang. Jemand, der zuhört, ein gutes Gespräch.
- Anja, 40: Einen lieben Menschen in den Arm nehmen, Spazierengehen, singen, mit Hund oder Katze schmusen.
- Horst, 68: Verständnisvoller Zuspruch.
- Torsten, 36: Gitarre spielen. Ich kann zwar nur ein Lied, aber das hilft mir, wenn ich mich darauf konzentriere.
- Michi, 15: Mit Freunden sprechen oder einfach was zusammen unternehmen.

Menschen ziehen sich, wenn sie traurig sind, zurück und ordnen, halten aus, gehen hindurch. Oder sie wenden sich anderen Menschen zu und suchen die Nähe, sprechen, gehen spazieren oder singen.

Was hilft Ihnen? Notieren Sie:

_____

_____

In dieser Erinnerung, wenn Sie den Schmerz spüren, fühlen Sie das, was Sie als Kind gefühlt haben. Aber heute sind Sie erwachsen, Sie sind nicht mehr abhängig und nicht mehr ohnmächtig diesem Gefühl und dem Umgang der Erwachsenen damit ausgeliefert. Sie können jetzt sich selbst ein guter Begleiter sein, indem Sie sich erlauben, zu fühlen, was jetzt da ist. Sie werden merken: Es wird allmählich besser, es verändert sich und es hört irgendwann auf.

Trauer über Tod oder Trennung

Viele Menschen denken, wenn sie traurige Gefühle zulassen, kommen sie nie wieder heraus aus der Misere und Tränen und Schmerz bleiben für immer in ihrem Leben.

Es ist andersherum: Die Traurigkeit, die gefühlt werden darf und ihren Raum bekommt, wird verarbeitet und nach und nach abgelegt. Die Situation beziehungsweise das Erlebnis, das diese Trauer ausgelöst hat, bekommt in den inneren Räumen des Traurigen einen Platz und wird nicht mehr ruhelos in ihm herumwandern.

Trauer kann abgelegt werden wie ein zu schweres Gepäckstück. Wenn wir sie wie einen Rucksack auf dem Rücken tragen und nie ansehen, dann erkennen wir nicht, was wir zurücklassen und was wir in Frieden weiter mitnehmen können. Also nehmen Sie den Rucksack vom Rücken, wenden Sie sich ihm zu, öffnen Sie ihn: Sehen Sie nach, ob das, was darin ist, nicht vielleicht doch aushaltbar ist.

Beim Verlust eines geliebten Menschen durch Tod und beim Verlust durch Trennung, so wissen wir heute, sind die Gefühle, die wir durchleben, ähnlich. Der Zurückgebliebene durchlebt verschiedene Trauerreaktionen, die sich abwechseln. Der Schlaf bleibt aus, Aufregung macht sich breit oder auch Lethargie. Trauernde suchen denjenigen, den sie verloren haben, und können ihn doch nicht finden, nur immer wieder sich selbst. Wer trauert, fühlt sich oftmals leer, einsam, hoffnungslos. Er mag nichts mehr essen oder isst viel mehr als sonst. Es macht sich ein Schmerz breit, der auch körperlich zu fühlen ist. Die Wissenschaft hat erkannt, dass psychischer Schmerz von Menschen im Gehirn ähnlich wahrgenommen wird wie physischer Schmerz. Das Herz wird bei Trauer von den Botenstoffen Noradrenalin und Adrenalin überflutet, die sogenannten Stresshormone. Ein gebrochenes Herz, ein trauerndes Herz braucht Zeit.

Was Trauernden hilft, ist sehr unterschiedlich. Wichtig sind zunächst das Wahrnehmen der Gefühle und das Zulassen statt des Verdrängens. Anfangs sind die Gefühle so intensiv, dass die Vorstellung, das Ganze könnte auch irgendwann einmal besser werden und gar ein Ende nehmen, völlig außer Reichweite ist. Es ist ein wichtiger Lernschritt, zu erkennen, dass unser Gefühl, mit dem wir kämpfen und unter dem wir leiden, ein momentanes Gefühl ist. Dieses gegenwärtige Gefühl kann sich verändern und milder werden und verschwinden.

Die Frau im Beispiel oben hat lange vor lauter Trauer die Wut nicht zugelassen, die für sie wichtig war, um sich verabschieden und loslassen zu können. Bei manch einem ist es umgekehrt: Er wütet und kämpft, um die Tränen und den Schmerz nicht zulassen zu müssen. Wird aber das Gefühl nicht gelebt, wird es verboten, so ist der Prozess blockiert und kann zu keinem Ende kommen. Dieser nicht abgeschlossene Prozess blockiert unsere Seele und lastet weiter auf uns.

Ärger und Wut als Hinweis

Wut kann also eine Trauer begleiten oder hinter ihr warten, sie kann auch helfen eine Trennung oder Verabschiedung zu vollziehen. Wut macht aktiv und hilft aus der Ohnmacht heraus. Ähnlich ist es mit Ärger. Wir ärgern uns über etwas oder über jemanden. Meistens ist eine andere Person beteiligt: Jemand kommt zu spät, ein Freund denkt nicht an uns, ein Fremder schnappt uns einen Parkplatz weg oder jemand hat uns belogen.

Worauf auch immer Sie mit Wut oder Ärger reagieren, sodass es Sie nicht loslässt und womöglich Bauchschmerzen auslöst: Es könnte für Sie interessant sein, die Situation zu untersuchen und zu ergründen, was den Ärger oder die Wut genau ausgelöst hat und was Sie an sich selbst davon kennen. Überprüfen Sie, ob Sie es vielleicht mit einer Projektion zu tun haben: Ärgern Sie sich über Eigenschaften bei jemand anderem, die Sie eigentlich an sich selbst nicht mögen? Oder ärgern Sie sich über Seiten, die die andere Person auslebt, die Sie sich selbst nicht zu zeigen und zu leben trauen oder gestatten? Ärger und Wut können also eine Hinweisfunktion auf verborgene Gefühle haben. Sie können diese Gefühle als Chance für sich nutzen, an manche Gepäckstücke besser heranzukommen. – Unabhängig davon aber: Was machen Sie nun mit Ihrer Wut?

Übung: Was mache ich mit meiner Wut?

»Was machst du, wenn du wütend bist?«, habe ich einige Menschen gefragt. Sie antworteten mir:

- Nicole, 36: Laute Musik hören. Heulen. Mit den Füßen stampfen.
- Sina, 68: Ich mache laute Töne: Schnaufen und rufen.
- Susanne, 16: Ich höre tiefsinnige Lieder oder welche, die gute Laune machen, oder meine Lieblingslieder. Oder ich muss drüber reden. Manchmal ein Spaziergang, bei dem ich nachdenken kann, oder Sport machen im Fitnessstudio.

- Antje, 51: Erst mal den Kopf freilaufen. Dann analysieren: Was hat mich geärgert, welche Position nehme ich zu der Situation jetzt ein?
- Tina, 50: Ins Auto setzen und laut schimpfen. Tief durchatmen und mit den Füßen aufstampfen.
- Horst, 68: Laut fluchen und böse Wörter sagen.
- Michi, 15: Ich versuch, ruhig zu bleiben, oder gehe weg.
- Tanja, 21: Aufräumen. Und putzen.
- Christiane, 50: Kiefergelenk lockern, mir selbst gut zusprechen.

Haben Sie bei diesen Antworten ein paar Anregungen gefunden? Oder fällt Ihnen noch etwas ganz anderes und eigenes ein, was Sie bereits machen oder vielleicht mal machen könnten, um mit Ihrer Wut umzugehen? Notieren Sie Ihre Wut-Kanäle:

- _____

- _____

- _____

Eigen-Wut abbauen

Eigen-Wut nenne ich die Wut, die sich nicht gegen andere, sondern gegen sich selbst richtet. Sie hat beispielsweise zur Folge, dass Menschen sich beschimpfen und den Impuls haben, sich selbst wehzutun. Da kann es hilfreich sein, dem Körper Reize zu setzen, die er braucht, ohne sich wehzutun oder zu verletzen. Sie könnten in solch einer Situation Cold Packs aus dem Gefrierschrank nehmen und sie sich auf die Haut legen. Wenn Sie die Spannung noch einige Zeit aushalten können: Machen Sie einen Termin bei einer Thai-Massage. Eine richtige Thai-Massage ist für uns Europäer ziemlich schmerzhaft. Ihr Körper bekommt Reize, baut die Spannung ab, Sie

*Wenn wir keinen Feind
in uns tragen,
kann uns der Feind
draußen nichts anhaben.*
Afrikanisches Sprichwort

haben aber nichts gegen, sondern etwas Gesundes für sich getan.

Wenn das Thema Eigen-Wut aber ein sehr großes ist, also Autoaggression und Selbstverletzung ein bestimmtes Maß überschreiten, empfehle ich Ihnen, sich professionelle Unterstützung und persönliche Beratung zu holen. Hier können Sie lernen, wie Sie mit Ihrer Wut anders umgehen können, als sie gegen sich selbst zu richten.

In gewissem Maß kennt jeder von uns das Thema Eigen-Wut. Wir schimpfen mit uns selbst, quälen uns mit Selbstvorwürfen, Schuldzuweisungen und Scham. Viele von uns haben gelernt, sich stets selbst die Schuld zu geben an allem, was schiefläuft oder nicht wie geplant. Sie hadern fortwährend mit sich selbst, und die Wut trifft immer sie selbst. Wer so geprägt ist, für den ist es schwierig, die Wut auf andere zu spüren und sie auch zu zeigen, sie auszudrücken, deutlich zu sagen: »Das stört mich, das ärgert mich, das wünsche ich mir in Zukunft anders von dir.«

Ohne diese Klarheit erfolgt allerdings keine Abgrenzung, und wir schleppen den Ärger wie einen dicken Wut-Koffer mit uns herum, statt ihn abzulegen oder abzugeben dahin, wo er hingehört.

Übung: Die Wut an die richtige Adresse geben

📷 Schreiben Sie Ihre Wut-Gründe und die dazugehörenden Adressaten auf: Wegen was und auf wen sind Sie wütend, ohne es jemals abgegeben zu haben? Geben Sie das alles jetzt an ein Blatt Papier ab. Sie können einen großen Koffer drumherum malen oder lauter kleine. Sie können einen Wut-Koffer packen für jeden, der Sie wütend oder ärgerlich macht oder gemacht hat.

- Geben Sie den Koffern Namen: Welcher ist für Ihren Partner oder Ihre Partnerin bestimmt, welcher für Ihren Vater und Ihre Mutter, für einen Freund, einen Arbeitskollegen oder Ihren Chef? Die Angst vor Egoismus ist hier unbegründet, taucht bei dieser Übung allerdings oft auf. Machen Sie sich bewusst, dass es nicht darum geht, bösartig anderen zu schaden, sondern darum, sich selbst zu verteidigen und zu schützen.
- Nach einer Weile oder ein paar Tagen können Sie sich das Blatt wieder vornehmen. Wählen Sie einen Koffer aus, zu Beginn vielleicht einen kleinen, den Sie für die Gepäckübergabe an die richtige Person vorbereiten: Was werden Sie der betreffenden Person sagen? Sie können sich ein paar Sätze zurechtlegen, etwa: »Ich möchte dir sagen, dass ich wütend/ärgerlich über … war. Ich bitte dich, zukünftig …«
- Wenn Sie mögen und dafür bereit sind, überbringen Sie in den folgenden Tagen dann tatsächlich diesen kleinen Wut-Koffer an die betreffende Person.
- Und dann können Sie bald das nächste Wut-Gepäckstück an der richtigen Stelle abladen.

Was ist eigentlich der Grund dafür, immer weiter an Wut-Paketen zu tragen, statt sie abzugeben? Wir wollen geliebt werden, wir wollen nicht abgelehnt werden, wir haben Angst, dass Beziehungen unter unseren offenen Worten leiden könnten. Da steckt der Mensch im Dilemma: Wird er sein Wut-Paket los, riskiert er, abgelehnt zu werden. Behält er es bei sich, wird es bald drücken und ihn krank machen. Wir können lernen, Wut abzuladen und loszuwerden. Probieren Sie die Übung aus und schon bald werden Sie Veränderungen bemerken – im Umgang mit sich selbst, aber auch mit anderen.

Schuldgefühle annehmen

Die Schuld ist eine Begleiterin, die manche Menschen seit Kindheitstagen stets an ihrer Seite haben: »Das hast du falsch gemacht. Du bist daran schuld. Was hast du da wieder gemacht? Du trägst die Verantwortung.« Das Gefühl der Schuld kann aber auch entstehen, wenn wir uns eine Wut auf jemand anderen nicht erlauben; dann wenden wir das Gefühl gegen uns selbst und fühlen uns schuldig. Daher sollten wir bei Schuldgefühlen genau prüfen: Habe ich da wirklich etwas angestellt, was wiedergutzumachen ist, wo ich Abbitte tun muss? Oder bin ich eigentlich wütend auf jemand anderen? Ich lade Sie ein, genau zu erforschen, woher die Schuld, die Sie in manchen Fällen spüren, rührt. Ist es möglicherweise eine ganz alte Schuld-Idee, die Sie seit Kindertagen begleitet? Oder gibt es wirklich etwas, das Sie getan oder gesagt haben, das Ihnen leid tut?

Bedenken Sie dabei bitte, dass es selbst dann, wenn es etwas gibt, das wir getan haben, das uns leid tut, hilfreich ist, jegliche Bewertungen abzulegen: Die Seele hat für alles, was sie tut, einen guten Grund. Sie tut und fühlt nichts einfach nur so zum Spaß oder aus Gehässigkeit. Wenn wir also in einer Situation anders reagiert haben, als wir hätten reagieren sollen, dann wird es der Seele guttun, wenn wir mit liebevollem Blick auf uns selbst überlegen: Warum habe ich so reagiert, warum habe ich das getan? War es zum Schutz, hatte ich vor etwas Angst? Wurde meine Grenzen überschritten, brauchte ich dringend Abgrenzung? War mir etwas zu viel, fühlte ich mich überfordert?

Sollte es sich bei Ihrer Schuld-Idee um etwas handeln, das Sie gesagt oder getan haben, wie Sie sich verhalten oder reagiert haben, schreiben Sie auf, warum Sie es getan haben: Wie haben Sie sich in der Situation gefühlt, wovor hatten Sie Angst, was war Ihnen zu viel oder was wollten Sie vermeiden? Lassen Sie das Blatt bis zum nächsten Tag liegen und lesen Sie es noch mal durch. Sie werden erkennen, dass Sie Ihre Gründe hatten. Es kann helfen, Kontakt zu einem guten Freund, einer guten Freundin aufzunehmen und darüber zu sprechen.

Übung: Der Schuld einen Platz zuweisen

Haben Sie Schuldgefühle, sobald Sie etwas für sich tun, sich abgrenzen zum Beispiel, dann braucht diese Schuld einen Platz. Sie hat ihren Ursprung oft in Kindheitserfahrungen, ist oft also uralt. Sie können sich diese Schuld als kleines altes Weibchen vorstellen, das meckernd und schimpfend neben Ihnen langspaziert, um Ihre Beine herumwuselt. Achten Sie mal in verschiedenen Situationen darauf, wo sie sich befindet, und sprechen Sie mit ihr: »Alles klar, du bist wieder da, dich kenn ich ja schon. Ich werde heute etwas für mich tun (was auch immer Sie vorhaben oder bereits tun). Und du kannst da in der Ecke auf dem Sessel sitzen. Ich weiß, dass du da bist, sei mal nicht so laut, denn du bist nicht mehr aktuell und du gehörst gar nicht hierhin!« Akzeptieren Sie, dass Sie die kleine alte Frau Schuld, die Sie schon so lange begleitet, nicht so schnell loswerden. Also lassen Sie sie da sein und machen Sie sich immer bewusst, dass Sie Ihre Situation jetzt so leben, wie Sie möchten, auch wenn Frau Schuld motzend in der Ecke sitzt. Da Sie Frau Schuld jetzt als klein und unnötig erkannt haben, statt ihr wie sonst große Bedeutung zu geben, wird es ihr irgendwann zu blöd werden. Sie wird noch kleiner und schrumpft und wird dann verschwinden. Stellen Sie sich das ruhig bildlich vor, wie sie am Ende wie eine kleine Seifenblase zerplatzt oder wie sie immer blasser wird und irgendwann ganz durchsichtig ist.

Übrigens: Neid ist ein Gefühl, das wir oft nicht wahrhaben möchten, wir fühlen uns schuldig. Dabei ist Neid oft ein Hinweisgeber: Ist da etwas, was mir fehlt, was ich entbehre? Möchte ich vielleicht etwas dafür tun, mir diese Sache oder dieses Verhalten anzueignen?

Hass …

… gehört zu uns wie die Liebe, gehört sogar zur Liebe dazu, auch wenn er eigentlich – Sie ahnen es schon – oft verboten ist, zumindest in unseren Köpfen. Und damit sind wir bereits bei den gegensätzlichen Gefühlen, die manchmal so schwer für uns auszuhalten sind.

Gegensätzliche Gefühle annehmen

Gegensätzliche Gefühle sind oft schwer auszuhalten. Zwei oder mehr Gefühle gleichzeitig in sich zu spüren – das ist anstrengend. Wenn diese Gefühle dann noch gegensätzlicher Natur sind, wird es besonders verwirrend: Entweder/Oder scheint bei Gefühlen leichter zu sein, als Sowohl/Als auch.

Doch das Leben ist nicht schwarz und weiß, sondern höchstens mal graumeliert, und bietet meistens viele Farben. So leben wir an sich ständig mit widersprüchlichen Gefühlen, mit sogenannten Ambivalenzen. Meistens merken wir das aber erst, wenn zwei dieser Gefühle gleich stark sind und uns damit wiederum aus der Balance bringen. Solange man seinen Partner liebt und hasst, der Hass jedoch kleiner und so kaum spürbar ist, wird kaum ein Problem auftreten. Wenn aber ungewiss ist, ob ich meinen Partner verlassen will, weil ich ihn nicht mehr sehen kann, und doch gleichzeitig so schöne Zeiten mit ihm hatte und ihn liebe, dann bekomme ich ein Problem: Wie soll ich mich entscheiden? Welchem Gefühl gehört der meiste Raum?

Die Lösung ist, die Gefühle zu erlauben und die Widersprüchlichkeit auszuhalten sowie der Seele Zeit zu geben, bis das eine Gefühl wieder die Oberhand gewonnen hat und wir also einen Weg einschlagen können.

Gegensätzliche, sich widersprechende Gefühle sind ständig in jedem von uns und wir können ihnen genehmigen, sich bemerkbar zu machen. »Nun gut, ich fühle mich traurig und gleichzeitig bin ich auch froh. Das fühlt sich komisch an, aber es darf sein.«

Wir können handeln, auch mit gegensätzlichen Gefühlen: Wenn Sie zum Beispiel gerne ausgehen möchten, aber Angst haben, sagen Sie statt »Ich möchte ausgehen, aber ich habe Angst« einfach »Ich möchte ausgehen *und* habe Angst«. Das heißt, dass Sie trotzdem gehen, aber die Angst sein darf und Sie nicht daran hindert zu tun, was Sie möchten.

Gefühle sollen da sein dürfen, gefühlt und durchlebt werden. Dadurch ändern sich nicht die Tatsachen, wegen derer Sie diese Gefühle haben, aber sie bekommen ein anderes Gewicht. Sie werden leichter und erschrecken, belasten und beängstigen Sie weniger. Die Gefühle verändern sich, finden ihren Platz, wo sie abgelegt werden können, und sie verabschieden sich. Und Ihr Lebensgepäck wird leichter.

3. Grenzen abstecken und Fremdgepäck zurückgeben

Jeder Mensch braucht Grenzen

Die Seele können wir uns auch als einen Raum vorstellen oder als innere Welt mit mehreren Räumen. Ein Raum hat Wände, er hat Grenzen, aber auch Türen und Fenster. Wenn wir möchten, können wir jemandem die Tür öffnen und ihn hereinlassen. Ebenso können wir jemanden bitten zu gehen, unseren Raum zu verlassen. Eine gute Abgrenzung habe ich, wenn ich einen guten Abstand zu den nächsten Menschen oder Dingen habe, einen Abstand, der sich für mich und den anderen gut anfühlt. Das setzt voraus, dass ich mir meiner Grenzen bewusst bin, dass ich mit mir innerlich im Kontakt bin und weiß, was ich brauche und möchte und was mir nicht guttut. Jeder Mensch hat seine individuellen Grenzen und sein individuelles Tempo. Was oder wem gegenüber ein Mensch sich abgrenzen kann oder sogar abgrenzen muss, ist vielfältig:

- Nötig ist beispielsweise Abgrenzung gegen Überforderung.
- Grenzen aufzeigen muss ich Menschen, die mir zu nahe kommen, indem sie mich angreifen.
- Grenzen aufzeigen muss ich auch Menschen, die mich brauchen und von mir immer wieder Dinge erbitten, die ich nicht erfüllen kann oder möchte.
- Abgrenzen muss ich mich gelegentlich auch gegen mich selbst oder Teile meiner selbst, beispielsweise gegen überhöhte Ansprüche, die ich an mich stelle.

Grenzen können einschränken und sich unfrei anfühlen, gleichzeitig können sie auch Halt und Sicherheit geben. Wenn es schwierig für jemanden ist sich abzugrenzen, kann dies Folgen haben: Ist es für einen längeren Zeitraum hinweg nicht möglich, zu zeigen, was ich nicht möchte, wo meine Ressourcen und Kräfte zu Ende sind, so überschreite ich meine eigenen Grenzen, überfordere und verletze mich selbst. Grenzverletzungen können äußerst schmerzhaft und schädigend sein. Dagegen ist es sehr angenehm und wohltuend, wenn andere Menschen unsere Grenzen wahrnehmen und achten und uns somit Wertschätzung und Respekt entgegenbringen. Wir fühlen uns gesehen. Die Grenzen von anderen zu achten heißt ebenfalls: Ich nehme dich und deine Befindlichkeiten und Möglichkeiten wahr, nehme war, wer du bist und was du möchtest, und respektiere das. Ich achte dich als eigene Person.

Die eigenen Grenzen achten

Wir wünschen uns, dass andere unsere Grenzen achten; ebenso ist es notwendig, dass wir die eigenen Grenzen, dass wir uns selbst achten. Wie sehr nimmt jeder sich selbst wahr, wie sehr erkennt er seine eigenen Grenzen und verteidigt sie in der Weise, wie wir die Grenzen des anderen achten? Werte wie Wertschätzung und Respekt kann ich im Gegenzug vom anderen nicht erwarten, wenn ich sie mir selbst nicht zu geben bereit bin. Wer sich selbst nicht schätzt und nicht in Kontakt mit sich ist – somit auch mit seinen Grenzen –, dem wird es wahrscheinlich schwer möglich sein, dem anderen zu zeigen: »Hier ist meine Grenze. Stopp.«

Die Eltern sollen uns nie das Leben lehren wollen: denn sie lehren uns ihr Leben.

Rainer Maria Rilke

Wir müssen in uns hineinhören, unsere Bedürfnisse und Gefühle wahrnehmen, um uns gut abzugrenzen. Manchmal stehen dem Erwartungen von außen entgegen, manchmal auch ein innerer Druck.

Menschen, deren Grenzen schon als Kind durch die Eltern oder andere Erwachsene massiv oder häufig verletzt wurden, fällt es oft schwer, Grenzen zu ziehen. Sie können dem inneren Druck, der durch die Verinnerlichung der erfahrenen Grenzüberschreitungen in ihnen präsent ist, nichts entgegensetzen. Sie lassen Grenzverletzungen zu, da sie – wie als Kind – fühlen, dass es möglicherweise verboten ist, sich zu widersetzen. Oder es könnte – wie damals – Liebesentzug drohen: Die weiterhin innerlich präsenten Eltern könnten enttäuscht sein, wenn das »Kind« sich abwendet oder etwas ablehnt, um seine eigene persönliche Grenze zu wahren. Sätze wie »Jetzt ist Mama aber enttäuscht von dir« greifen wieder Raum, was das Kind als Versagen und Verlust von Liebe erlebte.

So lernt der Mensch, immer alle zufriedenzustellen, auch entgegen der eigenen Bedürfnisse: zunächst die Eltern oder andere Familienmitglieder wie Großeltern, Onkel, Tanten, Geschwister, dann Freunde, Partner, Kollegen, Vorgesetzte, Chefs, Kunden. Die inneren Eltern sind immer dabei und hören sich dann im Erwachsenenalter wie unsere eigene Stimme an. So wie wir mit uns sprechen, hat möglicherweise früher einmal jemand mit uns gesprochen.

Es ist also auch bei der Grenzziehung sehr wichtig, Milde gegen sich walten zu lassen oder es langsam zu erlernen. Das, was uns in der Kindheit widerfahren ist, muss nicht ewig eingemeißelt bleiben. Wir können unseren Blick auf uns selbst und den Umgang mit unseren Bedürfnissen ändern. Unseren Eltern erging es womöglich ähnlich, vielleicht wussten sie nicht, wie sie da herauskommen. Aber wir können die Weitergabe durchbrechen.

Eure Sätze – meine Sätze

Die inneren Eltern, die unsere damaligen Eltern in uns reprä-
sentieren, können wir gestalten und verändern. Innere
Strenge und verinnerlichte Verbote können wir in einen liebevollen Blick auf uns selbst und in Selbstfürsorge verwandeln. Das ist ein Prozess, der seine Zeit braucht, aber zu innerer Freiheit und Selbstbestimmtheit führt. Schauen Sie sich
das elterliche Gepäck, das Sie auf Ihrer Wanderung mittragen,
in Pausen immer wieder einmal genau an, schauen Sie, was
sie ablegen können, sodass das weiterwandern leichter fällt.

Einige Gepäckstücke, die Sie möglichst bald aussortieren
sollten, sind zum Beispiel Sätze wie:

- Das schaffst du sowieso nicht.
- Denk nicht immer nur an dich.
- Wenn du ihm nicht hilfst, bis du ein Egoist.

Übung: Hilfreiche Sätze annehmen

Welche Sätze kennen Sie, die nicht ursprünglich von Ihnen
stammen und die Sie gerne abgeben möchten? Notieren Sie
diese schädlichen Erbstücke:

- _____

- _____

- _____

Welche Sätze könnten Sie stattdessen sagen, um sich zu
unterstützen?

Beispiel: Statt »Denk nicht immer nur an dich« sagen
Sie sich »Ich bin mir wichtig. Ich bin es wert, auch mal an
mich zu denken«. Oder statt »Wenn ich nicht helfe, bin ich
ein Egoist« sagen Sie »Jetzt helfe ich mir selbst« oder »Ich
mache mich auf den Weg zu mir«.

Nehmen Sie sich nur jeweils zwei, drei alte Sätze vor und gewöhnen Sie sich an Ihre neuen, unterstützenden Sätze. Sie können jederzeit wieder Rast auf ihrem Weg machen und weitere überflüssige Sätze aus Ihrem Gepäck entfernen.

Meine Koffer – deine Koffer: Fremdes Gepäck abladen

Zusätzlich zum eigenen Gepäck schleppen wir oft noch fremdes Gepäck mit: Links und rechts, vor und hinter uns sind auch andere Menschen unterwegs: Partner, Geschwister, Eltern, Familienmitglieder, Freunde, Kollegen, Vorgesetzte und uns gänzlich unbekannte Personen. Manche von ihnen packen uns ihre Koffer und Reisetaschen auf den Rücken, oft so geschickt, dass wir es nicht einmal bemerken. Vielleicht haben wir unsere eigenen Grenzen nicht wahrgenommen und nicht deutlich Nein gesagt, vielleicht hing mal wieder die ungnädige Frau Schuld an unseren Fersen und hinderte uns daran, Gepäckstücke anderer zurückzuweisen. Manchmal ist auch unsere Wahrnehmung getrübt, die Farben der Koffer sind ähnlich und wir wissen unsere Koffer von denen der anderen nicht zu unterscheiden.

So machen wir oft die Probleme anderer zu unseren eigenen, obwohl das gar nicht nötig wäre. Wir nehmen die Gefühle von uns nahestehenden Menschen auf und schwingen ganz mit in deren Gefühlswellen. Wenn wir die Abgrenzung hier verpassen – »Das ist dein Koffer, nicht meiner!« –, können wir dem Freund auch nicht gut beistehen, weil wir selbst kraftlos und in Emotionen gefangen sind. Ist ein Ihnen wichtiger Mensch traurig, wird er sich freuen, wenn Sie ihm zuhören und Sie ihn womöglich verstehen. Aber er braucht sicher nicht, dass Sie ebenfalls weinen. Stellen Sie ihm ein Taschentuch und eine Schulter zur Verfügung, bis er selbst sein Gepäck sortieren kann.

Übung: Ich – Du

Zum Thema »Nahestehen« können Sie mal das Exempel machen und sich einem guten Freund, einer guten Freundin oder Ihrem Partner ganz nah gegenüberstellen. Wenn Sie einander ganz nah sind, sodass sich die Nasenspitzen fast berühren, werden Sie merken, dass Sie den anderen nicht mehr sehen können, denn er ist ganz verschwommen. Hier ist es also nötig, einen Schritt zurückzutreten, auf Distanz zu gehen, bis Sie ihn wieder klarer sehen zu können.

Selbstfürsorge – jeden Tag

Selbstfürsorge entsteht auch aus der Selbstliebe und dazu braucht es Achtung. Achten Sie sich selbst und würdigen Sie Ihre Bedürfnisse und inneren Wünsche? Die eigenen Grenzen zu erkennen und zu ziehen setzt voraus, die eigenen Bedürfnisse wahrzunehmen. Menschen, die in der Kindheit ihre Grenzen nicht aufrechterhalten, ihren Bedürfnissen nicht entsprechen durften, fällt es oft auch später schwer, diese wahrzunehmen. Helfen kann es, (Selbst-)Achtsamkeitsübungen zu praktizieren, um wieder in den Kontakt mit sich zu kommen, der vielleicht schon früh verloren gegangen ist. Der erste Schritt ist also wieder: in sich hineinspüren und sich innerlich abtasten, feststellen, was Sie selbst brauchen.

Übung: Gut für sich selbst sorgen

Beantworten Sie sich mehrmals am Tag – nehmen Sie sich nur 1 Minute, das reicht schon – diese Fragen:

- Wie geht es mir momentan?
- Wie fühle ich mich? Bin ich zufrieden oder brauche ich etwas?
- Was geht gerade in mir vor?
- Wie fühlt sich mein Körper an?
- Aber vor allem: Was brauche ich jetzt, was tut mir gut? Und was tut mir nicht gut?

Nehmen Sie sich dazu das Herz und gönnen Sie sich die Ruhe, Besinnung und Innenschau. Geben Sie sich das, was Sie brauchen. Immer wieder. So lange, bis es sich richtig anfühlt.

Die kaputte Klingel

Eine Patientin kam zu mir in die Therapie mit dem Thema »Sag, was du willst«. Denn sie schaffte es nicht, laut und klar Nein zu sagen, aber auch deutlich zu sagen, was sie möchte. Leider war sie zu Beginn unserer Sitzungen immer wieder leicht verärgert, weil ich ihr Klingeln nicht gehört hatte. Sie musste also öfter zweimal klingeln, und ich dachte schon, dass die Klingel kaputt sei, vielleicht einen Wackelkontakt hatte. Es kam aber bei niemand anderem vor.

In unseren Sitzungen arbeiteten wir beständig weiter am Thema »Sag, was du willst« und die Patientin konnte bereits immer besser laut sagen, was sie wollte und was sie brauchte oder nicht wollte – ihrem Chef, ihrem Partner, auch ihren Eltern. Und dann, nach einigen

Wochen, klärte sich das Mysterium: Der Patientin fiel selbst auf, dass sie offenbar nicht fest genug auf den Klingelknopf gedrückt hatte und ich sie deshalb gar nicht hören konnte. Seither war unsere Redewendung, wenn es in der Therapie wieder darum ging, klar und laut zu sagen, was sie brauchte: »Fest genug auf den Klingelknopf drücken!«

Übung: Stopp sagen

STOPP kann man so und so ausdrücken: Sie können es schreien, aggressiv sagen, sehr leise, sehr kurz oder laaaang gezogen. Sie können es auch auf eine Art sagen, die das Gegenüber versteht und annehmen kann: freundlich, aber bestimmt.

Versuchen Sie einmal auf ganz unterschiedliche Weise, Ihr Stopp laut auszusprechen. Stellen Sie sich eine Situation vor, in der es Ihnen oft schwerfällt, Nein zu sagen. Gibt es solch eine Situation, haben Sie sie vor Ihrem inneren Auge? Dann geht es los:

Sagen Sie »Stopp« und achten Sie darauf: Wie können Sie es sagen oder wie würden Sie es gerne sagen?

Spüren Sie einen Widerstand? Wie sieht der aus? Haben Sie Angst, jemanden zu verletzen? Fürchten Sie sich, die andere Person abzuweisen und die Beziehung zu gefährden? Fürchten Sie, schroff und unfreundlich zu wirken?

Probieren Sie verschiedene Arten »Stopp« zu sagen aus – so lange, bis es für Sie stimmig klingt und Sie es ohne Furcht aussprechen können.

Selbstfürsorge umfasst auch, sich das zu gewähren, was Sie brauchen, dafür zu sorgen, dass Sie es bekommen, dafür zu sorgen, dass Sie sich wohlfühlen. Es gilt, die Verantwortung dafür zu übernehmen, dass es Ihnen gut geht, und dies nicht anderen zu überlassen. Dabei werden Sie auch herauszufinden, wie stark Sie eigentlich sind. Ein Phänomen, das wir alle kennen, ist das Wiederholen von Altbekanntem. Wer mit Grenzüberschreitungen aufgewachsen ist, wird unbewusst immer wieder Menschen um sich versammeln, die seine Grenzen überschreiten. Er lädt geradezu dazu ein. Daher sind die Selbstbeobachtung und die Achtsamkeitsübungen wichtig: Sie finden damit heraus, wo Sie Ihre eigenen Grenzen zu weit gesteckt haben und wo zu eng.

Nähe und Distanz regulieren

Wo hört das Ich auf und wo fängt das Du an? Unser Körper hat klare Umrisse. Meine Haut definiert die Außengrenze meiner Person. Manche Menschen, die es mit Grenzen schwer haben, haben auch Hautprobleme. Die Haut ist unsere Grenze zur Außenwelt. Die innere Welt können wir uns ähnlich vorstellen – mit Umrissen, die definieren, wo mein Bedürfnis aufhört und das einer anderen Person angrenzt. Wie nahe darf mir jemand sein und ab welchem Punkt sage ich »Stopp«, weil es mir vielleicht zu nahe ist?

Ein klares »Nein« zu sagen, wenn wir beispielsweise immer wieder um kleine Gefallen gebeten werden, hört sich einfach an, aber ist es durchaus nicht immer und nicht für jeden. Menschen, die sehr sensibel und ihren Mitmenschen sehr nahe sind, stecken oft in einem zusätzlichen Dilemma: Sie spüren, was der andere benötigt, sich wünscht oder erwartet; sie ertasten sozusagen die Anliegen des anderen. Dafür müssen sie allerdings so nahe an die andere Person heran und so viele ihrer Antennen nach außen richten, dass sie von sich selbst weggehen. Und dann haben sie nicht mehr genügend Spürsinn für ihre eigenen Wünsche zur Verfügung. Diese einfühlsamen

Menschen merken gar nicht, dass sie ihre eigenen Ressourcen über Gebühr beanspruchen, dass sie sich strapazieren und manchmal sogar schaden. Die Nähe scheint ihnen vertraut und daher wichtig zu sein, doch den Abstand so zu regulieren, dass sie sich selbst nicht verlieren, das fällt diesen Menschen schwer. Das Ziel ist, immer genug Kontakt zu uns selbst zu haben, um Stopp sagen zu können, wenn es zu viel ist, und um mit selbstbewusster Selbstfürsorge zu sagen, was wir brauchen.

Grenzen ziehen und Grenzen überschreiten

Wie nahe wollen und können Sie jemand anderen an sich heranlassen? Wie nahe wollen Sie jemand anderem sein und fühlt sich diese Nähe gut an? Manchmal wollen Menschen einem anderen nahe sein und versuchen dies, indem sie ihm zu schnell und abrupt zu nahe kommen. Dieses Bedrängen ist kein zufriedenstellendes Herstellen von Nähe, sondern eine unangenehme Belästigung. Eine Nähe, die sich gut anfühlt, können wir nur mit der notwendigen guten Portion Distanz gestalten.

Wer Schwierigkeiten damit hat, seine Grenzen zu ziehen, läuft manchmal Gefahr, in unfreundlicher Weise die berechtigten Grenzsetzungen vorzunehmen; er bekommt dann zusätzliche unangenehme Gefühle, weil er vielleicht spürt oder gesagt bekommt, dass er den anderen vor den Kopf gestoßen hat. Und das nächste Mal fällt es noch schwerer, einfach und klar eine Grenze anzuzeigen.

Durch die Übungen zur Selbstachtsamkeit (siehe Seite 29) und das Sich-Bewusstmachen der eigenen inneren Befindlichkeiten (siehe Seite 55) wächst auch das Gespür für die angemessene Art der Grenzziehung. Gehen Sie mit diesen kleinen Übungen immer wieder in Ihre Innenwelt und konzentrieren Sie sich auf das, was Ihre Werte sind. So gewinnen Sie immer mehr Stärke, nach außen klar zu kommunizieren.

Übung und Tipps: Selbstsicher und klar Nein sagen

▣ Übung: Stellen Sie sich – für ein paar Tage, vielleicht einige Wochen – darauf ein, grundsätzlich bei allen Anfragen und Bitten, die an Sie gerichtet werden, Nein zu sagen. Sie können nach einer kleinen Weile des Nachdenkens das Nein problemlos in ein Ja verwandeln; umgekehrt ein Ja in ein Nein zu verwandeln fällt weitaus schwerer und kommt für zaghafte Grenzzieher meist gar nicht infrage.

Durch die grundsätzliche Nein-Haltung verschaffen Sie sich Raum dafür nachzuspüren, was Sie tatsächlich wollen oder eben nicht. Dafür brauchen Sie ein wenig Zeit, und die haben Sie nicht, wenn Sie auf jede Anfrage sofort positiv reagieren. Daher ist das prinzipielle Neinsagen ein guter Anfang, später werden Sie es nicht mehr brauchen. Wie können Sie Nein sagen?

▣ Probieren Sie es aus und sagen Sie tatsächlich: »Nein, das geht leider nicht.« Oder verschaffen Sie sich Zeit: »Ich kann es dir nicht direkt sagen. Gib mir noch etwas Zeit, wann brauchst du die Antwort?«

▣ Haben Sie Ihre inneren Knöpfe im Blick, die, die andere Menschen drücken im sicheren Wissen, dass Sie nicht Nein sagen werden. Dann packen diese Menschen ihr Anliegen in solche Sätze wie »Du kannst es so besonders gut, deshalb frage ich natürlich dich« oder »Ohne dich schaffe ich das nicht, ich brauche dringend deine Hilfe«. Achten Sie auf solche Sätze: Welche sind es, die bei Ihnen in der Regel zum Ja führen? Formen Sie dagegen innerlich ein entschlossenes, klares Nein-Gefühl, das Sie auch jederzeit nach außen geben.

▣ Halten Sie Blickkontakt und schütteln Sie den Kopf, um Ihre Aussage zu unterstützen.

- Üben Sie das Neinsagen: So wie Sie immer wieder Ihre Selbstachtsamkeit (Was brauche ich? – siehe Seite 55) und Ihre Selbstachtung (Ich nehme mich wichtig, ich achte meine Bedürfnisse. – siehe Seite 52) trainieren und stärken können, lässt sich auch das Neinsagen trainieren. Sie werden feststellen, dass es schon nach wenigen Erfolgen deutlich leichter fällt.
- Nehmen Sie die Begleitung von Frau Schuld in Kauf (siehe Seite 45). Nicken Sie ihr zu und setzen Sie sie wieder auf einen Sessel in die Ecke, wo sie bleiben kann, aber nicht allzu sehr stört.

Ängste: Was sagen die anderen?

Ein freundliches Nein nehmen viele Menschen besser auf, als manch einer glaubt. Doch es gibt natürlich auch Menschen, die ein Nein schlecht akzeptieren können. Und sobald Sie sich verändern, muss sich Ihre Umgebung mit verändern. Das kann erst mal zu Missstimmungen führen, das ist ganz normal. Bisher haben Sie sich vielleicht wenig Raum genommen. Wenn Sie nun Ihre Arme ausbreiten und mehr Raum für sich beanspruchen, wird der Raum der nahen Umgebung unweigerlich etwas schmaler. Die anderen werden etwas rücken müssen, damit Sie Ihre neue Position einnehmen können. Das machen manche Nachbarn gerne, vielleicht sogar lieber, als wir das vermutet hätten; andere reagieren verärgert und abweisend, weil sie sich bewegen und Raum abgeben sollen. Mit solchen Reaktionen ist immer zu rechnen, wenn wir uns verändern. Dafür können wir uns wappnen. Nehmen Sie Kontakt zu Ihrer inneren Stärke auf und seien Sie konsequent: Wenn es nicht bei den ersten Malen klappt, ist das kein Grund zu verzweifeln. Sie sind nun herausgegangen aus Ihrer alten Position, in der Sie länger verharrt haben – nun müssen die anderen sich auch bewegen.

Andere müssen nicht gut finden, was Sie tun und wie Sie

denken: Ihnen muss es gefallen. Leicht gesagt, denn wir wollen ja geliebt werden. Aber wer sagt, dass wir nicht mehr geliebt werden, wenn wir anderer Meinung sind als andere oder uns um uns kümmern? Vielleicht die strengen inneren Eltern, vielleicht die alte Frau Schuld mit ihrer Schwester Scham, die neben uns hertrotten. Gut, dass wir schon im Begriff sind, durch unsere Innenschau, Selbstachtsamkeit und Selbstfürsorge, deren Stimmen immer leiser zu stellen.

Abgrenzen gegen Überforderung: Das Pensum finden

Die eigene Messlatte liegt häufig sehr hoch. Menschen stellen oft so unrealistisch hohe Anforderungen an sich selbst, dass sie nicht erreichbar sind. Das führt auf die Dauer unweigerlich zu Überforderung und tiefer Erschöpfung, manchmal in eine Erschöpfungsdepression, in ein Burn-out. Menschen brauchen nach Anstrengungen Ruhe, Pausen sind lebensnotwendig und jeder kann nur ein bestimmtes Pensum erfüllen: Darüber sind sich alle einig. Paradoxerweise erwarten jedoch gleichzeitig viele Menschen – beruflich wie privat – die absolute Selbstaufgabe. Das eigene mögliche Pensum wird überhaupt nicht mehr ertastet, die Grenzen der eigenen Ressourcen nicht wahrgenommen oder wenn, dann nicht beachtet. Dass der Mensch an infolgedessen zu hoch gesteckten Zielen scheitert, ist logisch, aber selbst der Betroffene verzeiht es sich oft nicht.

Entschleunigen Sie bitte, bevor Sie erkranken. Burn-out zu haben ist en vogue. Man erkrankt nicht an Erschöpfungsdepression, denn das wäre ein Zeichen von Schwäche, Kranksein, Versagen. Nein, es muss heutzutage heißen: »*Andere* haben so viel von mir gefordert, ich habe so viel geackert und geschuftet, jetzt habe ich ein Burn-out – das habe ich mir redlich verdient.« Und komischerweise haben sich Menschen nur längeren Urlaub ohne PC und Handy und ohne ständige Erreichbarkeit verdient, wenn sie sich in den respektablen Burn-out geschuftet haben. Dann gibt es auch keinen Urlaub, sondern eine Kur.

Ist der Energietank durch die Kur im Kloster oder in der Burn-out-Spezialklinik wieder aufgefüllt, geht das Gehetze auf der Überholspur ohne jegliche Änderung von vorne los: doppelt so schnell rennen bis zum nächsten Zusammenbruch.

Wir können nur selbst aus diesem Teufelskreis aussteigen. Legen wir diesen schweren mit unrealistischen Anforderungen an uns selbst überfüllten Rucksack ab. Das ist entscheidend für die Gesundheit von unserem Körper, unserem Geist und unserer Seele. Dabei kommt es vor allem auf unser Inneres an: Wenn wir unser inneres Pensum kennen und eine freundliche Einstellung zu uns selbst und unseren Ruhebedürfnissen haben, wenn wir ein realistisches Bild von uns und unseren Kraftreserven haben und bereit sind, uns so realistisch zu sehen und anzunehmen, wie wir sind, dann können wir unsere Lasten ablegen. Wir gewinnen eine innere Stärke, die uns selbst beim selbstbewussten Entschleunigen unterstützt. Wir lernen, uns nach unseren Möglichkeiten, Kräften und Bedürfnissen zu richten – und zwar bevor wir in uns zusammensacken, ob das nun Erschöpfungsdepression oder Burn-out heißt oder ob ein körperlicher und seelischer Schwächeanfall, ein Herzinfarkt oder eine andere körperliche Krankheit uns stoppen.

Wie können Sie herausfinden, welches Pensum das richtige für Sie ist, welches Ihr Pensum ist? Wann ist es – eine Arbeit, eine Anforderung, eine emotionale Belastung – genug für Sie? Das eigene Maß zu kennen und entsprechend Grenzen zu ziehen und zu verteidigen, darum geht es. Das ist vor allem wichtig für Menschen in helfenden Berufen, die durch das Leid der auf die Hilfe Angewiesenen besonders häufig Gefahr laufen, sich zu viel abzuverlangen. Aber auch im privaten Bereich, gegenüber Menschen, die uns nahestehen, ist es von Bedeutung, die Grenze zu setzen. Und im Privaten wie im Beruflichen ist es notwendig, sich auch selbst immer wieder in die Schranken zu weisen, die Ansprüche an sich selbst zu mildern, wenn das eigene Pensum erreicht ist.

Die folgenden Übungen helfen Ihnen dabei, in sich hinein-zuspüren und sich bewusst zu werden, wie voll Ihr persönliches Maß ist. Und sie sind hilfreich, wenn Sie Maßnahmen gegen (Selbst-)Überforderung einleiten möchten, um sich wieder wohler fühlen zu können.

Immer wieder geben Körper und Seele Signale, wenn es genug ist. Leider sind viele von uns Meister im Überhören. Die Signale sind zunächst klein, leise, vorsichtig und wir denken: »Na ja, solange nichts weh tut, geht's ja noch.« Wir sollten also unsere Toleranzschwelle bewusst herabsetzen. Probieren Sie dafür einmal die folgende Übung aus. Sie ist ebenso hilfreich, wenn es darum geht, die Messlatte für das Pensum Ihrer Arbeit zu regulieren oder das richtige Quantum emotionaler Versorgung anderer Menschen herauszufinden oder auch die Latte für die Ansprüche an sich selbst neu zu justieren.

Imaginations-Übung: Der Messlatten-Limbo

Stellen Sie sich vor, Sie müssten jemandem zeigen, wie hoch Ihre Messlatte (für Arbeit, für Ansprüche an sich selbst oder für Ihr Quantum von Gefühlen) hängt. Können Sie sie überhaupt sehen? Wie hoch hängt sie? An der Zimmerdecke? Oder müssen Sie schon aus dem Haus gehen und nach oben sehen? Ist gar ein Fernglas vonnöten?

Ganz gleich, wie hoch Ihre Messlatte hängt – nun kommt Ihre Aufgabe: Setzen Sie diese Messlatte um ein ganzes Stück nach unten. Das Spiel Limbo besagt, dass man unter einer möglichst niedrig gehängten Latte noch locker hindurchtanzen kann, was einiges an Anstrengung und Verbiegung erfordert. Doch je mehr man übt, desto leichter fällt es und die Latte kommt einem gar nicht so niedrig vor.

Also: Wie wenig Arbeit, wie wenig Aufnahme von Gefühlen können Sie sich selbst gestatten, sodass Sie das Rufen von Frau Schuld gerade noch aushalten können? Üben Sie, bis es sich gut für Sie anfühlt. Sie können die Latte immer noch ein wenig niedriger hängen.

Möglicherweise leisten Sie eine Menge, fühlen sich oft auch erschöpft, empfinden aber Ihre Messlatte als gar nicht so hoch gelegt. Vielleicht sagen Sie sich: Wieso, meine Messlatte ist doch gar nicht so hoch. Befassen Sie sich jedenfalls auch mit der nächsten Übung.

Übung: Meine Alarmzeichen

Wie realistisch ist Ihr Bild von dem, was Sie schaffen können und meinen, schaffen zu müssen? Welche Anzeichen, leise oder laut, kennen Sie, die Ihnen sagen wollen: Arbeite weniger, kein neues Projekt mehr! Grenz dich gegen die Freundin/Kollegin/Schwester und ihre Problemgespräche ab! Schluss mit dem Grübeln und den Katastrophenbefürchtungen! Beispiele für Alarmzeichen:

- Kopfweh
- Abwehrgefühle, leichtes Genervtsein, Gereiztheit
- Aggressionsgefühle
- körperliche Beschwerden, Magen oder-Hautprobleme
- Unbehagen
- Vergesslichkeit
- Schlafstörungen

Welches sind Ihre Alarmzeichen? Schreiben Sie sie einmal auf, führen Sie sich die Signale vor Augen. Sie können auch gleich die Situation dazu notieren, die sich womöglich wie ein schwerer Rucksack anfühlt, den Sie leichter machen möchten.

📷 _____

📷 _____

📷 _____

Notieren Sie außerdem, was passiert, wenn Sie diese Alarmzeichen nicht beachten. Werden sie lauter oder kommen andere hinzu?

📷 _____

📷 _____

📷 _____

Übung: Was ich jetzt ändern kann

Fangen Sie am besten gleich an, ein wenig des Übergepäcks abzuladen: Was können Sie diese Woche weniger tun, bei der Arbeit, beim Sich-Kümmern um Freunde, bei der Selbstbetrachtung, sodass Sie Ihre Belastungen besser aushalten und sich alles besser anfühlt? Notieren Sie sich ganz konkrete Schritte, etwa wie in diesen Beispielen:

📷 Ich plane abends eine Stunde für mich ein, statt am Laptop zu sitzen.

📷 Ich beende jedes Telefongespräch mit Veronika nach maximal 20 Minuten, damit ich mich davon erholen kann.

📷 Ich gehe spätestens nach 30 Minuten Im-Kreis-Grübeln raus und mache einen Spaziergang.

Notieren Sie jetzt Ihre ersten drei Ideen:

- _____
- _____
- _____

Auch hier ist es wichtig, Geduld für die Veränderung mitzubringen. Jeder kleine Schritt, den Sie heute getan haben, ist mehr als ein großer, den Sie auf morgen verschoben haben.

Beobachten Sie, was die kleinen Veränderungen bewirken. Versuchen Sie eine Weile, etwas weniger zu leisten, als Sie denken, dass Sie müssten. Sie werden feststellen, dass es trotzdem reicht. Auf die Perspektive kommt es an.

Sie werden immer früher und auch deutlicher Ihre Warnzeichen wahrnehmen und darauf eingehen können. Und dann haben Sie Ihren Messlatten-Limbo im Kopf: Noch ein bisschen weniger, und Sie werden feststellen, dass es trotzdem reicht, was Sie geleistet haben, Sie sich aber immens viel wohler fühlen. Es kann auch helfen, sich abzulenken, Sport zu machen, mit Freunden zu sprechen, einfach rauszugehen.

Für solche Situationen, in denen Sie deutlich merken, dass Ihre Alarmzeichen Ihnen klarmachen, dass die seeleneigene Messlatte erreicht ist und Schluss sein muss mit dem, was immer Sie gerade tun, sollten Sie ein wichtiges Gepäckstück dabeihaben: Ihren Proviantkorb. Tipps zur Gestaltung Ihres Proviantkorbs finden Sie im Kapitel »Proviantkorb füllen und weiter geht's« ab Seite 127.

Gründe für eigene Grenzverletzungen

Es gibt Situationen, in denen wir besonders dazu neigen, die eigenen Grenzen zu überschreiten. Wenn wir uns um nahestehende Menschen kümmern, wenn diese in Not sind, wollen wir ihnen zur Seite stehen, und das ist ganz natürlich. Es gilt aber auch dann, auf ein ausgewogenes Verhältnis zu achten, damit keine auf Dauer unhaltbare Lage entsteht, die stetig Kraft kostet.

Wenn es einen Menschen gibt, der immer wieder anruft und mit seinen Problemen Raum greift, dann kann es nötig sein, sich erst innerlich und dann auch äußerlich abzugrenzen, indem wir weniger Redezeit gewähren und weniger oft. Wenn allerdings oft mehrere Menschen an mir hängen, wenn ich ein wahrer Problemmenschen-Sammler bin, dann muss ich mich fragen: Wozu brauche ich das? Warum gehe ich ständig über meine Grenzen hinaus? Vielleicht möchte ich mich gar nicht spüren? Wozu brauche ich es, mich permanent um andere zu kümmern und selbst dabei hintanzustehen? Kann ich meine bedürftige Seite vielleicht nicht zeigen? Was ist daran so gefährlich?

Durch manche Erfahrung, die Menschen machen, nehmen sie eine totale Abgrenzung gegen sich selbst vor: Sie sperren die eigene bedürftige Seite aus, grenzen sich dafür aber überhaupt nicht gegen andere ab. Dieses Verhalten lenkt uns, so anstrengend und kraftraubend es auch sein mag, von uns selbst ab. Dies kann ein Schutz der Seele sein, den wir als Kind zum Überleben in der Familie gebraucht haben, der aber jetzt abgelegt werden darf. Früher mussten wir vielleicht uns selber und unsere eigenen Bedürfnisse zurückstellen, um in der Familie Liebe, Nahrung und Versorgung zu erhalten. Als Kinder sind wir ohnmächtig, wir sind abhängig und müssen Strategien entwickeln, dem Ungeliebtsein und Abgelehntsein zu entkommen oder es nicht wahrzunehmen. Nun als erwachsener Mensch gilt es, diese Schutzmechanismen, die als Kind für uns überlebensnotwendig waren, zu erkennen und Alternativen für uns zu entwickeln. Sich selbst auszuschalten war früher vielleicht ein passender Mechanismus zum Selbstschutz. Heute ist dies eine überflüssige Last, ein Gepäckstück, das Sie abgeben können.

Jetzt sind Sie erwachsen und unabhängig: Sie können für sich selbst sorgen – und zwar in einer Weise, die Ihnen guttut, und auch da, wo es früher möglicherweise niemand getan hat. Dazu gehört auch, Fürsorge von anderen einzufordern, wo bisher eine unausgewogene Beziehung bestand, und, falls keine Balance in der Beziehung herzustellen ist, sich zu fragen, auf welchen Fundamenten diese Beziehung gebaut ist.

Es gibt verschiedene Schutzmechanismen, die früher vielleicht hilfreich waren, es heute aber nicht mehr sind. Es gilt, zwischen nicht mehr nötigen und notwendigen Schutzmechanismen zu unterscheiden. Wenn Sie ein Signal bekommen, dass Ihnen etwas zu viel ist, dass Sie Gefahr laufen, sich selbst zu überfordern, und Sie das verhindern sollten, indem Ihre Seele auf Standby schaltet, dann kann dies etwas sein, was Sie sich gestatten und akzeptieren sollten. Blicken Sie mit mehr Verständnis auf sich, gehen Sie davon aus, dass Sie alles in Ihrem Leben in der Ihnen bestmöglichen Weise gelöst haben. Sie können aber auch überlegen, ob Sie andere Gegenmaßnahmen zur Überforderung ergreifen möchten.

Übung: Überflüssiges Schutzgepäck ablegen oder austauschen

Sie können für sich einmal sortieren, welche Schutzmaßnahmen Ihrer Seele Sie kennen, welche nötig sind und von welchen Sie sich trennen möchten. Schutzmaßnahmen der Seele können sein:

- zu vieles Essen, sich eine Speckrollen-Schutzschicht zulegen
- Gefühle wegdrücken, sich nicht spüren
- Übermäßiges Kümmern um andere, um sich nicht mit sich selbst befassen zu müssen
- Krasse, sehr schroffe Abgrenzung gegen andere

- Rückzug und Isolation
- Vermeiden von Kontakten
- Vermeiden von innigen Beziehungen, immer an der Oberfläche bleiben
- Suchtverhalten wie übermäßiger Genuss von Nikotin, Alkohol, Essen

Haben Sie dabei einige Ihrer Schutzmaßnahmen entdeckt? Wissen Sie, wozu sie dienen? Vielleicht möchten Sie einige dieser Verhaltensweisen ablegen? Dann ist es wichtig, gleichzeitig an Alternativen zu denken. Sie dürfen Ihrer Seele die Schutzmaßnahmen nicht einfach wegnehmen, denn Möglichkeiten der Abgrenzung braucht sie. Doch Sie können die Maßnahmen austauschen – gegen andere, die Ihnen guttun. Die Umgewöhnung braucht ein wenig Zeit, aber Sie können gleich damit beginnen: Welche Maßnahmen möchten Sie ablegen, welche möchten Sie dafür einsetzen?

Beispiel:

- Bisherige Schutzmaßnahme: In den Rückzug gehen
- Stattdessen: Sagen, wenn es mir zu viel wird

- Bisherige Schutzmaßnahme: _____
- Stattdessen: _____

- Bisherige Schutzmaßnahme: _____
- Stattdessen: _____

Die richtigen Schutzmaßnahmen helfen Ihnen, überflüssiges Gepäck abzugeben oder gar nicht erst anzunehmen: zu viele eigene belastende Gefühle, zu viele Emotionen, die andere an Sie herantragen, zu hohe Anforderungen in der Arbeit, die auch von außen, aber vor allem von Ihnen selbst festgesetzt werden. Sie können selbst entscheiden, wie Sie damit umgehen möchten.

Grenzen ziehen und gut für sich selbst sorgen bedeutet, sich zu schützen, die Tür mal von innen zu schließen und das Seelengepäck – eigenes und das anderer – mal draußen zu lassen und im eigenen inneren Raum zur Ruhe zu kommen. So können Sie sich erholen und Kraft tanken für Ihren Weg mit leichterem Gepäck.

4. Das Gepäck der Vorfahren sortieren

Unsere Familie prägt uns für das ganze Leben auf vielfältige Weise. Wir suchen sie uns nicht aus, wir werden in sie hineingeboren und fühlen uns dort wohl oder unwohl. Ob wir am liebsten mit unserer Familie brechen oder uns gar nicht von ihr lösen möchten – die Erfahrungen, die wir gemacht haben und die unsere Vorfahren gemacht haben, verbinden uns mit diesen Menschen, mit Vater, Mutter und Geschwistern, Tanten, Onkeln, Großeltern und Urgroßeltern. Sie formen unseren Weg. Sie beeinflussen unsere Entscheidungen in Partner- und Berufswahl, bei Hobbys und Interessen und in der Wahl unserer Freunde. Was sagt meine Familie, aber auch mein Familienstammbaum über mich aus? Durch die Erforschung Ihrer Vorfahren können Sie sehr viel Neues über sich selbst entdecken.

Ein Genogramm ist eine piktografische Darstellung der Familie. Die einzelnen Familienmitglieder werden mit Symbolen dargestellt. Stellt man zusätzlich wichtige Ereignisse, die jeden Einzelnen und diese Familie geprägt haben dar, Todesfälle, Unfälle, Umzüge und Krankheiten, außerdem Charaktereigenschaften und Berufe, dann entsteht ein kommentiertes Genogramm, ein Geno*sozio*gramm.[1]

Jede Familie ist einzigartig, es gibt gute und schlechte Eigenschaften, Antipathien und Neigungen, schöne Ereignisse und traumatische, besondere Fähigkeiten, Kraftquellen und Energiespender. All dies tragen wir in Teilen in uns als Gepäckstücke der Verwandtschaft, als Ballast oder stärkenden Proviant.

---

1 Vgl. Schützenberger: Oh, meine Ahnen. 7. Aufl. 2012, S. 29

Welchen Rucksack tragen wir auf unseren Schultern, der uns noch gar nicht bewusst ist? Und welche der Dinge, die wir in unserem Gepäck vorfinden, mögen wir vielleicht gerne behalten und pflegen? Das Genosoziogramm hilft uns, einige dieser Fragen zu beantworten.

Gepäckstücke reisen durch die Zeit – über Generationen hinweg

Wir wissen heute, dass Schwierigkeiten, aber auch Ressourcen, diese zu überwinden, von einer Generation an die nächste weitergegeben werden. Das geschieht in vielfältiger Weise, zum Beispiel durch Vererbung, Erziehung, Vorbild geben, nonverbale Kommunikation. Die Möglichkeiten, wie wir Informationen übermitteln, sind vielfältig. Weitergegeben werden:

1. Zuschreibungen
2. Glaubenssätze
3. nicht verarbeitete Ereignisse
4. ungelöste Aufgaben

1. **Zuschreibungen** wie »Du bist wie dein Vater/Onkel, deine Mutter/Großmutter« oder »Das ist deinem Onkel/ deiner Tante auch schon passiert« werden oft über Generationen weitergegeben. Oft sind sie so starr, dass es für die betreffenden Familienmitglieder keine Möglichkeit gibt, Veränderungen zu zeigen und diese Zuschreibungen wieder aufzulösen. Sie betreffen Eigenschaften wie auch Ereignisse. Kennen Sie solche Zuschreibungen in Ihrer Familie?

2. In **Glaubenssätzen** werden Überzeugungen und Annahmen – ausgesprochen oder sogar unausgesprochen – weitergegeben, die in einer Familie vorherrschen. Dazu gehören beispielsweise Sätze wie »Es ist nie genug, was ich tun kann« oder »Ich darf nicht Nein sagen«. Es könnte für Sie auf-

schlussreich sein, nachzuforschen, welche Glaubenssätze in Ihrer Familie herrschen, die Sie begleiten, und was diese bewirken. Im zweiten Schritt gilt es dann, belastende Glaubenssätze zu ersetzen durch neue, hilfreiche.

Eigene Sätze

Frau K. wuchs in einer Familie auf, in der hoher Leistungsdruck herrschte und hohe Ansprüche gestellt wurden. Sie hetzte von einer Aufgabe zur anderen, unfähig zur Ruhe zu kommen. Zur Problematik der mangelnden Grenzziehung, der ungenügenden Selbstfürsorge und der daraus resultierenden seelischen Erschöpfung kamen starke Schmerzen vor allem in der Schulter.

Bei der Auseinandersetzung mit ihrem Familiengepäck widmete sie sich auch den Leitsätzen ihrer Eltern und Großeltern. »Es ist nie genug, ich muss immer Leistung bringen«, lautete einer der Glaubenssätze ihrer Familie. Frau K. nahm sich Zeit, überlegte gut und wählte für sich als Alternative »Statt Leistung Lust und Laune«.

Schon als sie diesen neuen Satz formulierte, spürte sie eine aufsteigende Fröhlichkeit und bemerkte zudem, wie ihre Schulter sich lockerer und wohler anfühlte. Frau K. war sich dessen bewusst, dass die Ausarbeitung und dann das Verinnerlichen solcher neuen Sätze Zeit brauchte. Sie gab sich die Zeit und kalkulierte auch Rückschläge mit ein, denn was einmal fest verankert ist, kann nicht mit einem gesprochenen Satz weggewischt werden. Aber neue, eigene Sätze geben uns eine Ahnung eines neuen Gefühls, auch eines neuen Lebensgefühls und einen Ausblick darauf, welche neue Richtung wir mit diesen eigenen Sätzen auf unserem Lebensweg einschlagen können.

3. **Nicht verarbeitete Ereignisse**, Erinnerungen an schwierige Ereignisse in der Familie werden manchmal gemeinschaftlich in den Keller gestopft, wo man sie zunächst nicht sieht, wo sie aber weiterleben, wachsen und Probleme verursachen. Wenn es Ereignisse gibt, die nicht bearbeitet und besprochen wurden und keinen Platz bekommen haben, werden diese wie eine heiße Kartoffel an die nächste Generation weitergegeben. Man nennt dies transgenerationale Weitergabe. Ist ein Geschehnis nicht zu verkraften oder verfügten die Familienmitglieder über zu wenig oder eben nicht die passenden Fähigkeiten, um mit diesem Erlebnis fertigzuwerden, ist die Angelegenheit also zu heiß, dann wird sie weitergeworfen und fällt den Nachkommen in die Hände. Dies geschieht unbewusst und zunächst zum (vermeintlichen) Schutz, verursacht aber oft weitere Schwierigkeiten.

Das Gleiche gilt für die guten Eigenschaften und die Kräfte, die eine Familie aus Ereignissen geschöpft hat; sie können unbewusst weitergegeben werden und Familienmitglieder stützen.

Wir tun gut daran, uns sowohl über die stärkenden Ereignisse als auch über die schwächenden, verborgen weitergegebenen Erfahrungen bewusst zu werden. So können wir uns von ihnen lösen oder sie für uns nutzen.

4. Es kann sein, dass wir durch eine **ungelöste Aufgabe** in dem Sinne an die Familie gebunden sind, dass wir unausgesprochen aufgefordert sind, die Aufgabe zu lösen. Beispielsweise kann es sein, dass eine Tochter Wünsche, die ihre Mutter sich in ihrem Leben nie erfüllen konnte, nun in ihrem Leben erfüllt. Beispielsweise hat eine Mutter sich den Kindern gewidmet und deshalb ihren Wunschberuf weder erlernt noch je ausgeübt. Die Tochter holt dies dann nach, indem sie den Traumberuf der Mutter erlernt und ausübt. Oder der Sohn übernimmt die Firma des Vaters, ohne die eigenen

Wünsche in Betracht zu ziehen. Gleiches passiert häufig auf der privaten Ebene; die Kinder leben die unerfüllten Träume ihrer Eltern oder übernehmen ursprünglich den Eltern erteilte Aufträge.

Handelt es sich hier um einen großen Auftrag und ist eine Person diesem schon länger gefolgt, so ist es sicher schwer, sich davon zu lösen. Doch wenn der Auftrag die große Lebensbürde ist, dann gibt es keinen anderen Weg, als sie abzulegen.

Themen und Wege der familiären Weitergabe

Was hat Sie bei Ihren wichtigen Entscheidungen begleitet oder beeinflusst? Was und wer spielt heute bei Entscheidungen ein wichtige Rolle? Oft erkennen wir erst in einer bewussten Rückschau, ob es unser Wunsch oder der einer anderen Person ist, den wir da verwirklichen.

Ebenso wie ein Wunsch kann ein Schuldthema weitergegeben werden. Fachleute sprechen von unausgesprochenen Schuldenkonten, die wohl in jeder Familie existieren. Sie können zum Beispiel bewirken, dass immer einer mehr tun muss als der andere oder sich um mehr kümmern muss, weil er eine Schuld voriger Generationen abträgt. Dabei kann es sich um ein transgenerationales Thema handeln, also mit tatsächlichen Begebenheiten aus der Vergangenheit der Familie zusammenhängen, oder um die Weitergabe eines allgemeinen Glaubenssatzes beispielsweise bezüglich der Rollenverständnisse in der Familie.

In den imaginären Familien- und Schuldenbüchern werden oft sehr gute Dinge weitergegeben wie die Liebe untereinander, das Sich-Kümmern, der Zusammenhalt, wobei diese durchaus auch als Belastung empfunden werden können.

Ebenso oft aber werden erlittene Ungerechtigkeiten oder Probleme weitergegeben. Unsere Familienmitglieder und Vorfahren sind gleichsam anwesend und das, was wir schulden oder man uns schuldet, wirkt bis zur Lösung der Problematik weiter, drückt sich oft in körperlichen Krankheiten aus. Daher lohnt es sich, genau hinzusehen, was es zu lösen und auszugleichen gilt und welche gute Beziehungen und Kräfte innerhalb der Familie zu entdecken sind.

Es kommt vor, dass Menschen sich an bestimmten Tagen im Jahr schlecht fühlen und gar nicht wissen, warum. Erst nach genauerer Untersuchung der eigenen Biografie oder auch des Genosoziogramms erkennen sie, dass zu diesem Datum etwas stattgefunden hat, das familiär nicht verarbeitet wurde. Es meldet sich dann an seinem Jahrestag aus dem Unbewussten, verursacht Beschwerden und erinnert daran, dass es noch etwas aufzulösen gibt.

Ereignisse, die unverarbeitet verschwiegen werden, können zum Beispiel der Tod eines geliebten Menschen, eine Abtreibung, der Verlust eines Kindes, Arbeitsplatzverlust und Insolvenz, schlimme Krankheit, auch innerfamiläre Gewalt sein. Die dazugehörigen Gefühle werden verneint, sie dürfen nicht auftreten, gar nicht gespürt werden, und wenn doch, dann dürfen sie keinesfalls gezeigt oder benannt werden. Dieses Verhalten ist zwar der Familie nicht zuträglich, hat aber dennoch einen guten Grund. Wenn nicht genügend Kräfte zur Verfügung stehen, wenn die Familie nicht gelernt hat, mit derartigen Lebensschwierigkeiten umzugehen, dann nutzt sie solche dysfunktionalen Verhaltensweisen als Schutz. Weil nicht sein kann, was nicht sein darf. Zunächst ist es ein Versuch, in dem Chaos des Geschehenen zu überleben, denn ums Überleben geht es fortwährend.

Ein schwieriges Beispiel sind die unbetrauerten Toten, die nicht verabschiedet werden und so keinen Platz mehr in der Familie haben. Ihr Name darf nicht genannt, über sie darf nicht gesprochen werden. Es geht beispielsweise um Tabuthemen wie plötzliches Verschwinden, tödliche Unfälle, Suizide. Trotzdem sind sie anwesend und das Thema ruft sich immer wieder in Erinnerung. Entweder indem bei nachfolgenden Generationen ähnliche Krankheiten oder Probleme auftauchen, die der Verstorbene hatte, oder indem Familienmitglieder, die sich sehr mit ihren Wurzeln und ihrer Vergangenheit auseinandersetzen, danach fragen, graben und die Familie unangenehm daran erinnern, dass dieses Thema noch nicht zur Lösung gekommen ist. Wenn Familienmitglieder vorzeitig sterben oder aus der Familie aus bestimmten Gründen ausgestoßen werden, entsteht eine Lücke. Die Aufgaben dieses Familienmitglieds und die Erwartungen an es werden dann entweder innerhalb der Familie verteilt oder ein anderes Mitglied der Familie nimmt zusätzlich seine Position ein. Das kann zu Schwierigkeiten führen, wenn derjenige diese Rolle, also diesen Koffer gar nicht haben möchte, damit überfordert ist und zu schwer an diesem Gepäckstück trägt.

Wenn dies im Gespräch in der Familie nicht zu lösen oder zu ändern ist, gilt es, eine Lösung für sich selbst zu finden: Sie entscheiden, was Sie annehmen, was Sie ablegen, womit Sie sich versöhnen wollen. Das gilt sowohl für aufgebürdete Rollenübernahmen als auch für alle anderen Zuschreibungen, Erwartungen, Schulden und Wünsche, die nicht Ihre sind.

Ebenso wie ungelöste Aufgaben in der Familie weitergegeben werden, werden auch Lösungsansätze, die gut gelungen sind, positive Haltungen wie zum Beispiel Humor und Tatkraft weitergegeben – sei es durch genetische Vererbung oder durch von Eltern und Großeltern übernommenes Verhalten. Wichtig ist, dass wir diese »Erbschaften« erkennen und verstehen.

Ein Genosoziogramm erstellen: Ihre hilfreiche Zeitreise

Ein Genosoziogramm kann auf vielfältige Weise hilfreich für Sie sein:

- Sie können persönliche Schwachstellen erkennen und sich darum kümmern, eine Lösung dafür zu erarbeiten.
- Sie können Unangenehmes loslassen oder sich damit versöhnen.
- Sie können herausfinden, welche guten Seelenstärken und Kräfte Sie schon an sich entdecken und orten, von wem Sie sie bekommen haben. Oder welche neuen Stärken Sie in die Familie hineingebracht haben.
- Sie können sich ein Proviantpaket schnüren, in das Sie alle positiven Lösungsansätze und Fähigkeiten Ihrer Familie mit einbinden.

Bei der Bewusstmachung Ihrer Geschichte und der Zusammenhänge Ihres Lebens mit den Lebensläufen Ihrer Vorfahren geht es einerseits darum, Altes und Störendes loszulassen, und andererseits, Gutes, Unterstützendes mitzunehmen als hilfreiche Grundlage für Ihre Lebensgestaltung.

Bevor Sie Ihr Genosoziogramm zeichnen können, müssen Sie einige Informationen sammeln. Gehen Sie dabei vorsichtig vor, denn es kann sein, dass manche Familienmitglieder durch solche Gespräche unangenehm berührt sind. Dann sollten sie denjenigen auch in Ruhe lassen. Meistens werden jedoch gerne Geschichten erzählt. Hören Sie gut zu, denn diese Geschichten transportieren viel von den Informationen, nach denen Sie gerade suchen.

Praxis: Informationen zusammentragen für das Genosoziogramm

Tragen Sie zunächst zusammen, was Sie selbst schon wissen oder an Information erhalten können über Ihre Eltern, Geschwister, Großeltern, eventuell Geschwister der Eltern und andere nahe Verwandte. Von Interesse ist an sich alles, hier führe ich einige wichtige Aspekte auf:

- Geburts- und Todesdaten
- Berufe
- positive und negative Eigenschaften
- wichtige Ereignisse, positive wie negative
- eventuelle Familiengeheimnisse
- verstorbene Familienmitglieder
- Abtreibungen oder Abgänge, Früh- und Totgeburten
- Scheidungen, frühere Partner
- Krankheiten und frühe Tode
- Kriegserlebnisse bis hin zu Flucht, Heimatvertreibung oder Tod
- Mord, Totschlag, Suizid
- Missbrauch, körperlicher oder seelischer
- körperliche und psychische Gewalt
- Umzüge
- Krankheiten
- Erfolge
- Lösungsversuche und gelungene Lösungsstrategien

Wenn Sie das Genosoziogramm dann zu Papier bringen, beginnen Sie mit den Großeltern und arbeiten sich dann weiter bis in Ihre und eventuell die nachfolgende Generation, wenn Sie Kinder haben. Selbstverständlich tragen Sie auch sich selbst ein! Die Männer werden auf der linken Seite mit einem Viereck symbolisiert, die Frauen auf der rechten Seite mit einem Kreis.

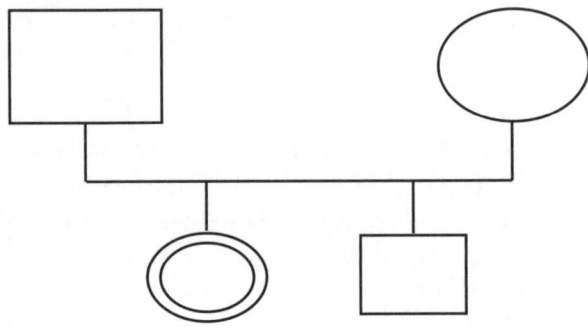

Hier sehen Sie links den Vater als Viereck, rechts die Mutter als Kreis, darunter zwei Kinder, links die Tochter als Kreis, rechts den Sohn als Viereck. Der Doppelkreis bei der Tochter bedeutet, dass es sich hier um die Person handelt, die das Genogramm erstellt.

Tragen Sie Geburts- und eventuelles Todesdatum in den Kreis beziehungsweise das Rechteck ein. Daneben können Sie die Berufe, Eigenschaften und wichtigen Ereignisse ergänzen, außerdem Träume und Wünsche desjenigen, soweit bekannt, etwas zu seinem Charakter, Konflikten, Fähigkeiten, wichtigstes Glücksereignis und größtes Unglück. Markieren Sie gleiche Ereignisse in der gleichen Farbe. Wenn Sie möchten, können Sie auch unterschiedliche Beziehungen zwischen Mitgliedern der Familie farbig eintragen, zum Beispiel eine blaue Linie zwischen zwei Menschen mit kühler Verbindung und rot bei besonders warmherziger Verbindung.

Im Internet finden Sie zahlreiche Vorlagen und Programme zur Erstellung von Genogrammen.

Tipp: Die Website myheritage.de bietet kostenfrei die Möglichkeit, sein Genogramm zu erstellen. Man kann für jedes Familienmitglied ein eigenes Profil füllen, wenn man möchte, und Fotos einfügen. Man kann Verwandte per E-Mail einladen, daran mitzuarbeiten. Das Programm sucht auch automatisch nach Ähnlichkeiten mit anderen Genogrammen, sodass man weiter Ahnenforschung betreiben kann.

Übung: Meine persönliche Erbschaft

Wenn Sie auf Ihr Genosoziogramm blicken, auf möglichst mindestens zwei Generationen zurück, also die Eltern- und Großelterngeneration, können Sie sich nun ein klares Bild über Ihre »Erbschaft« machen:

Teil 1: Welche Eigenschaften erkennen Sie in sich, die Sie besonders gerne haben, und von wem haben Sie sie mitbekommen?

Beispiele:
Humor ·· Papa
Durchhaltevermögen und Power ·············· Tante Gudrun

Notieren Sie nun Ihre besonders positiven, »geerbten« Eigenschaften:

▪ _____ ·········· _____

▪ _____ ·········· _____

▪ _____ ·········· _____

▪ _____ ·········· _____

Diese Aufzählung können Sie irgendwo aufbewahren oder aufhängen, wo Sie sie häufig sehen, sodass Sie immer wieder daraus Kraft und Selbstvertrauen schöpfen können.

Teil 2: Welche Eigenschaften, Rollenerwartungen, Zuschreibungen, ungelöste (innere) Konflikte haben Sie mitbekommen, auf die Sie lieber verzichtet hätten, und vom wem?

◼ _____   .... _____

◼ _____   .... _____

◼ _____   .... _____

Welche besonderen Ereignisse oder Beziehungsmuster können Sie in Ihrem Genosoziogramm entdecken, die sich wiederholen?

◼ _____   .... _____

◼ _____   .... _____

◼ _____   .... _____

Loslass-Ritual: Abmachung mit mir selbst

Nun gilt es auch zu fragen: Woran kann ich arbeiten und womit kann ich mich versöhnen? Was lege ich ab, weil es nicht meins ist?

Unpünktlichkeit zum Beispiel ist etwas, womit Sie arbeiten können, indem Sie sich fragen: Warum bin ich unpünktlich? Geschieht es in bestimmten Situationen mit bestimmten Menschen?

Markieren Sie jetzt die Dinge, die nicht Ihre sind und die Sie definitiv ablegen können und wollen, und formulieren Sie für sich daraus eine Abmachung nach dem Beispiel unten. Lesen Sie sich diese Abmachung laut vor – oder auch einer Freundin beziehungsweise einem Freund.

Wenn Sie mögen, verbinden Sie das mit einem Ritual: Verbrennen Sie die Liste anschließend, vergraben Sie sie oder bewahren Sie Ihre Liste an einem besonderen Ort auf, um sie von Zeit zu Zeit hervorzuholen und sich an Ihre Abmachung mit sich selbst zu erinnern. Die Abmachung lautet:

Danke, ihr Vorfahren, für all eure Mühe und alles Gute, das ihr mir mitgegeben habt. Aber ich möchte nicht alles behalten.

Ich befreie mich hier und jetzt von

_____

_____

und schreibe meine eigene Geschichte.

Sie können diese beiden Sätze natürlich ergänzen, vielleicht sogar eine richtige kleine Rede schreiben. Lesen Sie sich diese Abmachung vielleicht einige Male vor, bevor Sie sie eventuell für immer weglegen, denn es braucht Zeit, sich Neues zu verinnerlichen.

Sollte Ihnen eine solche Prozedur gar nicht zusagen, besinnen Sie sich einfach ab und an in Gedanken darauf, was Sie entdeckt haben und was Sie loslassen möchten.

Wo ist Unklares?

Es wird nicht einfach sein, mit allem, was Sie im Genosoziogramm entdeckt haben, umzugehen. Manches konnten Sie sicher gut annehmen, anderes bereits in die Abmachung mit sich selbst einfließen lassen. Aber:

- Mit welchem Ereignis gilt es sich auszusöhnen?
- Wo sind noch ungeweinte Tränen?
- Wo ist noch nicht gelebte Wut? Und: Wo sind Unklarheiten?

Manches können wir ahnen, aber nicht im Bewusstsein haben, da es uns nicht erzählt wurde. Oder wir haben etwas erlebt oder gehört in früher Zeit oder in unserer Kindheit, das wir nicht einordnen können. Es stellt sich die Frage, wie gesprächsbereit und kooperativ unsere Familienmitglieder, unsere Eltern, Tanten, Onkel und Großeltern sind, uns zu erzählen, was sich zugetragen hat, welche Eigenschaften unsere Vorfahren hatten. Bei Gesprächen über Stammbäume und Genosoziogramme kommt so manche Geschichte und manches Familiengeheimnis ans Tageslicht, von dem wir bislang nichts geahnt haben. Doch was nicht gewollt ist, können wir nicht erzwingen und müssen uns dann mit dem zufriedengeben, was wir bekommen. Zwar erfahre ich hier nichts, aber ich sehe jetzt, dass hier Schmerzendes oder Peinliches liegt und so mancher Überseekoffer noch im Keller lagert, der die Jahrzehnte überdauert hat. Kann ich den nicht öffnen, gibt man mir den Schlüssel nicht dazu, ist viel Raum für Fantasie: Was wir nicht genau kennen und uns nicht erklären können, ist für uns meist größer, unheimlicher und bedrohlicher als jede offene und klare Wahrheit, so schmerzlich sie sein mag.

Daher ist ein offenes Gespräch immer vorzuziehen und sehr viel wert. Wenn es aber nicht dazu kommen kann oder darf, dann bleiben uns genug Möglichkeiten, mit dem zu verfahren, was wir haben. Es gilt auch, die Grenzen der Familienmitglieder zu respektieren, die über bestimmte Begebenheiten nicht reden können oder wollen, vielleicht weil sie zu schmerzhaft oder peinlich sind.

Wenn Sie über eine wichtige Person nicht viel oder gar nichts wissen, da sie ständig abwesend war, dann können Sie sich die Person ausmalen, vorstellen und ihr einen Platz geben, den sie bisher nicht hatte.

Sie können sich zudem jederzeit Hilfe von außen dazuholen. Es gibt Therapeuten, die mit Genogrammen/Genosoziogrammen arbeiten und Ihnen Hilfestellung geben: Oft entdeckt man einiges nicht, weil man mitten darinsteckt. Gleichzeitig kann es unterstützend sein, wenn jemand dabei ist, der hilft, Emotionen, die jetzt auftauchen, zu sortieren.

Meine Position, meine Aufträge

Sie werden manches herausgefunden haben, das Sie bis heute unbewusst bindet und leitet. Welche familiären Aufträge erfüllen Sie, ohne es zu wissen? Durch die Beschäftigung mit Ihrem Genosoziogramm, mit Ihrer Geschichte und Prägung, schaffen Sie Luft und Platz im Koffer Ihres Lebens und machen es gleichzeitig auch den Nachkommen leichter. Es hilft, sich nochmals bezüglich Ihres bisherigen Lebens Fragen zu stellen:

- Nach welchen Kriterien haben Sie wichtige Entscheidungen getroffen?
- Welche Träume und Wünsche hatten Sie? Haben sich diese erfüllt?
- Nach welchen Leitsätzen und Aufträgen Ihrer Familie leben Sie?
- Welche Schuld tragen Sie möglicherweise ab, für welche Themen suchen Sie nach Lösungen?
- Welche Beziehungsmuster erkennen Sie in Ihrer Familie?
- Wie ist das Lebensgefühl Ihrer Familie, das über Generationen weitergegeben wurde?
- Welche Gefühle haben Sie vielleicht von Familienmitgliedern übernommen? Je mehr Sie erfahren können, desto besser können Sie die Lebenssituation der Menschen verstehen und warum diese Gefühle entstanden sind. Und desto leichter können Sie sich von ihnen lösen oder sie bejahend annehmen.
- Wie gehen Sie mit Verletzungen um, wie wird in der Familie damit umgegangen?

Schreiben Sie sich die Fragen auf, die Ihnen wichtig sind und die Sie sich beantworten möchten. Bei manchen Fragen wird dies leichter gehen, bei anderen werden Sie Hilfe benötigen – vielleicht auch, wie oben erwähnt, von einem Therapeuten, der aus der Distanz und mit dem Blick von außen mehr sehen kann.

Übung: Mein Lösungs-Kraftpaket

Notieren Sie, was Sie nicht loslassen oder verändern können, was Sie aber akzeptieren und womit Sie sich aussöhnen möchten:

- _____
- _____
- _____

Und schnüren Sie nun Ihr ganz eigenes Lösungs- und Kraftpaket. Verdeutlichen Sie sich noch einmal: Was nehmen Sie an guten Eigenschaften, Lösungsstrategien und Kraftquellen aus der Familie mit? Nehmen Sie alles Gute, was Ihnen aufgefallen ist: Humor, praktisches Denken, Kommunikationsfähigkeit, Lebenslust ...

Als einer Klientin einmal gar nichts Positives aufgefallen ist, sind wir einen anderen Weg gegangen: Sie hat notiert, wie sie gerne sein möchte, um wiederum ihren Kindern und späteren Nachfahren voranzugehen. So können auch Sie überlegen, was Sie Gutes in sich selbst finden, ganz abgesehen von Ihrem Stammbaum. Und Sie können auch einige Ihrer Freunde, Kollegen oder Familienmitglieder nach jeweils drei Dingen fragen, die sie an Ihnen schätzen:

Meine inneren Stärken, Kraftquellen, Fähigkeiten

- _____
- _____
- _____

Wir können die Verbindung zu unseren Vorfahren nicht durchtrennen. Aber wir können sie so weit lockern und beeinflussen, dass wir nicht gezwungen sind, unfrei zu leben mit starren Mustern und Zwängen oder mit unaufgearbeitetem familiärem Gepäck. Und wir können Gutes und Kräftigendes nutzen, es bewahren und ausbauen. Und zusätzlich können wir das, was wir neu mit in die Welt und in diese Familie bringen, wertschätzen und betonen.

Mehr zum Thema Genogramm/Genosoziogramm finden Sie in diesen empfehlenswerten Büchern:

Schützenberger, Anne Ancelin: Oh, meine Ahnen. Wie das Leben unserer Vorfahren in uns wiederkehrt. Carl Auer-Verlag, 7. Aufl. 2012
Konrad, Sandra: Das bleibt in der Familie. Piper Verlag, 2013

5. Loslassen und Ballast ablegen

Gepäck zu erkennen, von dem wir uns trennen möchten, ist das eine, es wirklich loslassen zu können das andere.

Loslassen fällt vielen Menschen schwer. Sie haben Angst vor Gefühlen wie Trauer und Schmerz, die das Loslassen begleiten. Sie fürchten auch, etwas oder jemanden zu verlieren. Dazu kommt oft die Angst vor dem neuen Weg, der sich auftut, wenn das Losgelassene die Sicht nicht mehr behindert. Die gewohnte schmerzhafte, belastende und ungeliebte Situation, in der wir stecken, ist oft leichter zu ertragen als die Angst vor dem, was uns befreit, aber unbekannt ist. Wer weiß, was da auf uns wartet? Auch die Angst vor Kontrollverlust kann verunsichern: Wenn ich loslasse, habe ich es nicht mehr »im Griff«? Hier spielt die Angst vor Unsicherheit eine große Rolle, denn Kontrolle gibt Sicherheit. Schließlich spielt auch eine Angst vor der Wahrheit eine Rolle: Wie sieht das neue Bild aus im Unterschied zu dem Bild, das ich mir bisher innerlich gemalt habe?

Es ist völlig in Ordnung, Angst zu haben, solange wir uns von ihr nicht gänzlich davon abbringen lassen, unseren Weg weiterzugehen.

Erst zulassen, dann loslassen

Bevor wir etwas loslassen können, müssen wir uns bewusst machen, welche Gefühle es begleiten. Es gilt zunächst, wie in Kapitel 2 beschrieben, diese Gefühle zu erkunden, zu benennen und auszuhalten. Manches können wir zwar versuchen, kognitiv anzugehen, sozusagen mit dem Kopf loszulassen, doch bei vielen Dingen wird dies nicht gelingen oder nur kurzfristig. Erst wenn wir die Gefühle benennen und hindurchgehen, kann in der Seele ein Veränderungsprozess stattfinden. So gesehen heißt loslassen zunächst zulassen. Was wollen wir zulassen?

- Die Gefühle wie Verletzung, Verlust, Wut, Trauer, Schmerz, die wir durch Nichtzulassen festhalten.
- Die Unabänderlichkeit der Situation: entweder wie sie war oder jetzt ist. Eine Situation in meinem Leben, die anders verlaufen ist, als ich es wünschte und wollte.
- Die Veränderlichkeit unserer Pläne oder unserer Beziehungen.
- Die Kontrolle über die Zukunft: Wenn wir noch auf das schauen, was wir loslassen möchten, können wir vielleicht noch nicht sehen, wie es weitergeht und wie wir das Abgegebene innerlich neu besetzen können.

Fällt Ihnen noch mehr ein, das Sie zulassen sollten, um loslassen zu können?

- _____

- _____

- _____

Beim Loslassen geht es aber nicht nur darum, sich zu verabschieden von Menschen, Situationen, Gefühlen, Dingen oder Einstellungen, sondern auch darum, das zu akzeptieren und zu integrieren, was wir nicht ändern können. Wenn auch diese Dinge ihren Platz haben, stören sie nicht mehr und hindern uns nicht mehr am Voranschreiten.

Ein weiteres Motiv, etwas nicht loszulassen, kann sein, dass wir dadurch einen vordergründigen Vorteil verlieren, ein gewohntes Verhalten, ein gewohntes Gefühl. Wir müssten es zulassen, ohne diese Gewohnheit durchs Leben zu gehen.

Wenn wir sehr an etwas Belastendem festhalten, was wir eigentlich loslassen möchten, hilft es uns zu fragen: Welchen versteckten Vorteil bringt uns das Festhalten? Was könnte eine innere Motivation sein, an Menschen, Situationen oder an Negativem festzuhalten?

Endlich selbst entscheiden

Eine 29-jährige Frau litt darunter, dass sie selten wusste, was sie wollte, da stets andere für sie entschieden. So war es schon immer gewesen, auch in ihrer Kindheit, denn als Jüngste wurde sie gar nicht erst gefragt. Deshalb hatte sie nie gelernt, auf ihr Inneres zu achten und zu spüren, was sie braucht und möchte, was sie eigentlich will. Während unserer gemeinsamen Arbeit ging sie auf Spurensuche nach unbewussten Motiven. Sie fragte sich: »Was hindert mich daran, meine eigenen Entscheidungen zu treffen? Wieso verharre ich in dieser passiven Position, in der ich mich eingesperrt fühle?« Als die Frau sich einige Situationen vor Augen führte, wurde ihr schnell klar, dass es ihr auch große Sicherheit gibt und bequem ist, wenn die anderen sich kümmern, entscheiden und sie keine Verantwortung tragen muss. Einerseits hatte sie es also durchaus genossen, sich auf diese Weise tragen und umsorgen zu lassen, andererseits hinderte sie dieses Muster daran, ihren eigenen Weg zu bestimmen und zu gehen. Erst als sie dies erkannt hatte, war Raum für Veränderung. Sie begann selbst zu entscheiden, in welchen Situationen sie Verantwortung übernahm und in Aktion ging und in welchen sie lieber passiv bleiben und sich führen lassen wollte. Als sie auf diese Weise einen großen Schritt nach vorn gemacht hatte, sagte sie: »So, jetzt kann ich 30 werden!«

Geliebte Menschen loslassen

Menschen zu verlieren ist mit das Schlimmste, was uns passieren kann. Der Verlust eines Menschen durch Trennung oder Tod ist oft ein Ereignis, das schwere Erschütterung auslöst und alles infrage stellt. Der geliebte Mensch ist nicht mehr da, wir haben etwas verloren, er kommt nicht mehr zurück. Was bleibt, ist eine Lücke und der Schmerz, vielleicht auch die Wut.

Den Unterschied macht oft, ob wir den Menschen in Erinnerung behalten wollen oder nicht. Einen Partner, von dem wir uns getrennt haben, wollen wir möglicherweise nicht in Erinnerung behalten, sondern uns ganz von ihm ablösen. Ein Mensch, der gestorben ist, soll seinen Platz haben in unserem weiteren Leben. Daher ist es auch ganz unterschiedlich, was jeder Mensch braucht, um einen anderen loslassen zu können. Manche von uns tun sich sehr schwer mit dem Loslassen: Wir trauern nicht um unsere Verstorbenen. Wir trauern auch nicht um unsere Expartner und lassen sie nicht los. Gefühle und Gedanken drehen sich immer wieder um diesen einen Menschen, aber wir setzen uns nicht wirklich damit auseinander. Dies kann auch ein Weg sein, uns nicht zu verabschieden, den verlorenen Menschen doch noch – wenn auch auf belastende Weise – bei uns zu behalten. Dies geschieht natürlich meistens vollkommen unbewusst.

Kinder loslassen, Rollen loslassen

Wenn es um Kinder geht, die das Haus verlassen, also um einen Abschied, der uns sehr schwerfällt, kann es hilfreich sein, eine kleine Ecke einzurichten oder auch nur ein Fotoalbum oder eine Collage, die uns an denjenigen erinnert und die innere Verbindung aufrechterhält. Denn ein solches Loslassen bedeutet ja nicht, ein inneres Band zu zerschneiden, es geht darum, jemanden seinen eigenen Weg gehen zu lassen, während man die seelische Verbindung aufrechterhält. Bei solchen Veränderungen liegt der tiefere Grund der Trauer oft in der eigenen Rolle. Wir sollten uns auch dieser bewusst zuwenden, um uns in Veränderungen unserer Rolle und somit in der Beziehung hineinzufinden.

Tränen der Trauer dürfen getrost fließen, sie können Raum geben für ein liebevolles Gefühl der Verbundenheit, das sich einstellt und spürbar ist, auch wenn der andere nicht da ist und die Beziehung sich verändert.

Trennung von Familienmitgliedern

Menschen loszulassen kann auch deshalb schwer sein, weil wir sie eigentlich lieben, aber unterschiedliche Werte und Normen, Ansichten und die Lebenshaltung dazu beitragen, dass ein Zusammensein nicht mehr möglich ist. Es kommt zum Streit oder zur Entfremdung. Kinder trennen sich von ihren Eltern, brechen den Kontakt ab oder umgekehrt. Die zurückgelassenen Familienmitglieder haben es besonders schwer loszulassen, denn es war nicht ihre Entscheidung. Auch derjenige, der gegangen ist, leidet möglicherweise sehr unter der Trennung, hat aber für sich keine andere Lösung gesehen. Es gibt dann nur den Weg der Akzeptanz. Als Trost kann man sich sagen: Irgendwo ist derjenige noch. Ich kann ihn nicht sehen oder hören, wir werden nicht mehr miteinander sein, aber es gibt diesen Menschen noch und er lebt sein Leben woanders und ich meines hier.

Manchmal muss der Abschied nicht für immer sein. Menschen entwickeln und ändern sich. In der Zeit, in der man getrennt ist, haben beide Seiten Gelegenheit, nachzusinnen, neue Ansichten zu entwickeln. Möglicherweise gibt es also später wieder eine Versöhnung. Und manchmal ist das Loslassen auch notwendig, um wieder zueinanderzufinden.

Wie wir auf Trennungen reagieren und den Abschied verarbeiten, hängt unter anderem von unserem Bindungsmuster ab. Das entsteht in unserer Kinderzeit: Haben wir die Eltern als verlässliche Bezugsmenschen erlebt, war immer jemand da, wenn wir ein Bedürfnis zeigten nach Essen, Trinken, Ruhe, Geborgenheit, Gehaltenwerden und Trost? Oder gab es hier Defizite, haben wir die Umwelt als unsicher und bedrohlich erlebt? In letztem Fall entsteht eher ein unsicheres oder ängstliches Bindungsmuster. Diesen Menschen fällt es schwerer, Trennungen zu verarbeiten und Abschiede zu verkraften. Das bedeutet nicht, dass sicher gebundene Menschen keinen Abschieds- und Trennungsschmerz fühlen. Sie trauern ebenfalls, können sich aber eher vorstellen, wie es nach der Trennung weitergeht, und deshalb leichter loslassen. Ängstliche und unsicher gebundene Menschen kommen mit der Trennungsphase schlechter zurecht und schützen sich dann auch eher gegen neue Bindungen, weil diese auch Gefahr neuen Schmerzes bedeuten.

Expartner loslassen: Verlassender und Verlassener

Eine Beziehung zu beenden ist niemals leicht, von keiner der beiden Perspektiven aus. Weder der Verlassende noch der Verlassene kommt leicht durch diese Situation. Hilfreich ist jedenfalls, diesen Abschied so respektvoll wie möglich miteinander zu gestalten. Das heißt auch, sich persönlich dafür

Zeit zu nehmen und miteinander zu sprechen und wertschätzend miteinander umzugehen. Auch wenn sich die Gefühle verändert haben und man sich übereinander geärgert hat, ist es möglich, sich gegenseitig Respekt zu zeigen.

Nebenbei bemerkt: Selbstverständlich ist das Schlussmachen via SMS, E-Mail, Facebook & Co tabu! Auf diese Weise verabschiedet zu werden verdient niemand. Und das macht es auch nicht leichter.

Wir wissen heute, dass Menschen, die persönlich mit der Trennungsnachricht konfrontiert werden und ihre Fragen loswerden können, die Trennung besser und schneller verarbeiten können. Das bedeutet nicht, dass alles Schlimme an der Beziehung detailliert aufbereitet werden muss. Aber ein Gespräch mit der Aussage, dass man nicht zueinander passt, dass die Gefühle sich verändert haben, sollte aus Respekt vor dem anderen geführt werden. So kann auch das, was an der Beziehung gut und schön war – denn diese Zeiten gab es ja auch –, als gute Erfahrung stehengelassen werden. Es war nicht alles schlecht, es war eine gemeinsame Zeit, die nun vorbei ist. Ein respektvoller Umgang bei der Trennung öffnet die Tür, dass eines Tages vielleicht beide friedlich zurückschauen können.

Schuld loslassen durch inneres Vergeben

Nicht vergeben zu können hat auch etwas mit Festhalten zu tun. Wenn wir verletzt und beeinträchtigt wurden oder wir selbst Dinge getan haben, die wir uns anlasten, dann haben wir oft schwer an diesem Gepäck zu tragen. Es gibt zwei Arten der Vergebung. Ich kann dem anderen vergeben. Und ich kann mir selbst vergeben.

Beides, sowohl Verletzungen durch andere als auch unsere eigenen Schuldgefühle, können äußerst belastend sein und es fällt schwer, sich damit auseinanderzusetzen. Wenn wir jemandem schwer vergeben können, ist dies oft begleitet von Gefühlen der Verletzung und Bitterkeit, vom Wunsch nach Vergeltung und von Hass.

Gründe, um jemandem zu vergeben, können sein, dass wir denjenigen lieben und wieder Kontakt zu ihm möchten oder dass wir selber innerlich unsere Ruhe, unseren seelischen Frieden wiederfinden möchten.

Um aber vergeben und sich eventuell auch versöhnen zu können, ist innere Arbeit nötig: Es gilt zu verstehen, was in der Situation genau passiert ist, in der wir verletzt wurden. Erst wenn ich verstehe, was passiert ist und welche Emotionen es bei mir ausgelöst hat, kann ich mich wieder vorwärtsbewegen und herausfinden aus meiner Handlungsunfähigkeit.

Ich sehe mir genau an, was passiert ist: Zunächst kann ich mich nun ausnahmsweise einmal von mir selbst wegbewegen und mir klarmachen, wie derjenige, der mir wehgetan hat, damals zu mir in Beziehung stand. Wie hat er mich wahrgenommen und aus welchen Gründen könnte er so gehandelt haben? Und nun zu mir zurück: Was war mein Anteil an der Situation? Konnte ich aus der Situation etwas lernen, das mir in der Zukunft hilft?

Ich überlege, ob es eine Verbindung zu früherem Geschehen in meiner Familie gibt, und lasse die unguten Gefühle zu: Gefühle der Aggression und des Hasses, des Grolls, aber auch Schmerz und Trauer.

Wenn ich meine Emotionen zulasse und mir den Schaden genau ansehe, die Gefühle einordnen lerne, dann habe ich die Chance, das Geschehene innerseelisch zu verarbeiten, und bin nicht mehr von der Unversöhnlichkeit mit all ihrem Negativen gefesselt.

Sie müssen nicht verzeihen. Es gibt keine Verzeihens- oder Vergebenspflicht und kein Versöhnungsmuss. Denn es gibt durchaus Situationen, in denen wir nicht vergeben können und wollen und in denen es auch sinnvoller ist, dies nicht zu tun. Wenn jemand uns ganz besonders schwer und/oder immer wieder verletzt, seelisch und körperlich, dann kann es ungut sein, wenn ich immer wieder verzeihe; denn dann wird nicht die nötige Abgrenzung und Selbstwertschätzung stattfinden, die ich brauche, um aus einer schädigenden Beziehung herauszukommen.

Ebenso muss auf Verzeihen und Vergeben nicht die Versöhnung folgen. Je nachdem wie schwer das Delikt ist, das begangen wurde, ist ein Verzeihen als moralische Eigenleistung nach Verarbeitung des Geschehenen vielleicht möglich, jedoch eine Versöhnung möglicherweise ausgeschlossen.

Vergeben ist ein seelischer Prozess, der dem Vergebenden das Geschehene zu verarbeiten helfen kann.

Können Sie sich selbst vergeben? Fällt es Ihnen leicht, sich selbst ein unrechtes Verhalten zu verzeihen? Hier könnten Sie einen Hinweis darauf finden, warum es Ihnen möglicherweise schwerfällt, anderen zu vergeben. Der Prozess der Versöhnung, der oft traurig und aufwändig ist, findet in mir selbst statt, lange bevor ich dem anderen dann vielleicht vergeben kann. So können wir neue Energien freisetzen.

Für manche Menschen ist die Versöhnung mit sich selbst weitaus schwieriger, als anderen Menschen zu verzeihen. Sie beschäftigen sich über ein gesundes Maß hinaus immer wieder mit der eigenen Schuld, bestrafen sich quasi dadurch selbst und können nicht loslassen, sich selbst nicht vergeben.

- Fragen Sie sich selbst, ob es etwas gibt, das Sie sich nur schwer verzeihen können?
- Können Sie die Motivationen und Beweggründe für ihr Verhalten erkennen und verstehen?

Nur wenn Sie wirklich mit dem Herzen verstehen, warum Sie selbst so gehandelt haben und welche Gründe Sie damals hatten, ist positives Verständnis für sich selbst und auch eine Selbstvergebung und Selbstversöhnung möglich. Damit beginnt jeder Vergebensprozess.

Pläne loslassen

Sich zu verabschieden von Plänen, mehr noch von Lebensträumen und Lebensplänen kann quälend sein, aber auch erleichtern. Manchmal leiten uns diese Pläne und Wünsche über Jahre und Jahrzehnte hinweg und halten uns aufrecht, motivieren uns voranzugehen. Wenn solch ein Lebensplan zerbricht und wir uns davon trennen müssen, brauchen wir nicht nur Kraft, um dies zu betrauern, sondern auch Ressourcen, um einen neuen Plan zu fassen.

Lebenspläne können beruflicher oder privater Natur sein. Es kann sich dabei um den Traumberuf handeln, um das Fortführen einer Familientradition, um die Gründung einer Familie. Wichtig ist zu unterscheiden, ob ich, wenn ich über meinen Lebensplan nachdenke, einen Plan meine, den ich für mich selber aus tiefstem Herzen geschmiedet habe, oder ob es um einen Plan geht, der mir zugedacht wurde, zum Beispiel von meiner Familie. Gibt es einen Plan, den ich als nicht zu mir gehörig empfinde und loslassen möchte? Oder geht es um einen Lebensplan, der mit meinen tiefsten Bedürfnissen und Wünschen fest verankert ist und den ich aus den Umständen, wegen Krankheit oder anderem loslassen muss, obwohl ich eigentlich nicht will?

Auch hier geht es darum, zunächst die Gefühle zuzulassen, um dann den alten Plan zu verabschieden. Nach einer Zeit der Trauer folgt dann die Hinwendung zu Neuem, der Neubeginn. Mit Mut, Fantasie und neuer Kraft können Sie dann Ihren neuen Lebensplan schmieden. Wenn Sie mögen, können Sie sich für den gegebenenfalls schweren Prozess Freunde oder professionelle Helfer zu Hilfe holen.

Erwartungen loslassen

Es gibt schwierige Situationen, die uns erst einmal auf den anderen blicken lassen: Warum will der andere, der Partner, der Elternteil, der Freund sich nicht ändern? Warum verletzt er mich immer wieder? Warum setzt er mich unter Druck, ihm zu helfen, für ihn da sein zu müssen? Warum verschwindet er immer wieder und ist nicht für mich da? Warum überschreitet er meine Grenzen? Er sollte doch sehen, wissen, fühlen, was richtig ist, was ich brauche, oder wenigstens auf mich hören. Manchmal haben wir eine genaue Erwartung, was der andere tun soll, wie er sein soll. Und immer wieder werden wir enttäuscht – eine zermürbende Schleife.

Wenn man erkennt, dass man in solch einer Erwartungsschleife in Bezug auf eine andere Person hängt, gibt es nur eins: zu mir zurückkehren. Denn ich kann die anderen nicht ändern, nur mich selbst. Ich kann mein Verhalten ändern, mich besser abgrenzen, mir andere Kontakte suchen, etwas finden, das mich versorgt, ohne dass ich es von anderen erwarten muss. Wenn jemand zu stark fordert, wird er damit nicht aufhören, wenn ich nicht die Grenze setze. Ich muss die Erwartungen an den anderen loslassen und mich mir selbst und meinen Möglichkeiten, etwas zu ändern, zuwenden. Ich bin dafür verantwortlich, mir Wohlgefühl zu verschaffen, niemand anderes.

Wir haben uns bereits mit dem kindlichen Anteil in uns beschäftigt und auch mit dem erwachsenen, der den kindlichen unterstützen kann. Darüber hinaus haben wir weitere Teile unserer Persönlichkeit in uns; sie bilden gleichsam ein Persönlichkeits-Team. Ein Team in einer Firma beispielsweise setzt sich aus unterschiedlichen Persönlichkeiten zusammen. Gerade in ihrer Unterschiedlichkeit werden alle gebraucht: der realistische Denker, der Instinktive, der Kämpfer, der Aggressive et cetera. Auch die sogenannten negativen Anteile werden gebraucht. Aber es gibt auch Anteile unserer Persönlichkeit, die uns sehr stören und die wir loslassen oder deren Einfluss auf unsere Gesamtstimmung und unsere Beziehung wir zumindest mildern möchten.

Sie können zunächst alle Anteile aufschreiben, die Sie an sich erkennen – sowohl geliebte als auch ungeliebte. Wenn Sie sich dann verdeutlichen, welche Aufgaben jeder Anteil hat, können Sie auch herausfiltern, welche Sie ablegen oder mildern möchten. Dabei werden Sie auch erkennen, welche Anteile Sie, obwohl Sie sie nicht mögen, brauchen. Es fällt dann leicht, auch diese zu akzeptieren.

Was brauche ich? Diese Frage, die Sie nun schon gut kennen, ist immer wieder neu zu stellen. Vor allem in den Situationen, in denen Sie etwas loslassen und Neues dafür aufnehmen wollen. Dann kann die Suche beginnen: Wo und wie kann ich das für mich finden und organisieren? Wie kann ich selbst nun dafür sorgen, dass ich versorgt bin? Wie stelle ich also meine eigenen Erwartungen und Forderungen an den anderen ab und kümmere mich selbst um mich und meine Bedürfnisse?

Übung: Was oder wen möchten Sie loslassen?

So manches belastende Gepäck können wir abladen: unrealistische Erwartungen, zu hohe Ansprüche an mich selbst, an meinen Partner, meine Kinder, einen Lebensplan, auch einen mir nahestehenden Menschen, den

Ballast der Vorgenerationen meiner Familie, meine zu-
geschriebene Rolle im Familiensystem, eine schlimme Situation in meinem Leben, die ich erlebt habe …

Schreiben Sie einmal für sich auf, was Sie gerne loslassen
möchten:

▪ _____

▪ _____

▪ _____

Vielleicht können Sie auch schon Gefühle dazu notieren,
die Sie mit dem Loslassen der verschiedenen Dinge verbinden. Gibt es auch Motive, die Sie bisher davon abgehalten
haben, das Belastende loszulassen? Und schließlich: Haben
Sie schon erste Ideen, ob etwas an die Stelle des Losgelasse-
nen treten soll und was?

Hilfreiche Rituale

Rituale können uns das Loslassen erleichtern. Rituale vermitteln Ordnung, Vorhersagbarkeit, Kontinuität. So können sie
uns helfen, bei einer Verabschiedung wie auch bei einem
Neubeginn Sicherheit und Halt zu finden. Es gibt Rituale,
Bräuche und Gewohnheiten, die sehr alt sind und für bestimmte Situationen immer wieder genutzt und sich darin be-
währt haben. Wir können uns aber auch eigene neue Rituale
ausdenken, die ganz persönlich nur für das eigene Gepäckabladen bestimmt sind.

Gerade in Prozessen, in denen wir loslassen und Neues beginnen, kann es wohltuend sein, uns selbst einen Rahmen zu
schaffen, in dem dies möglich ist. Wir ordnen unseren Gefühlen und Schwierigkeiten Symbole zu und indem wir sie symbolisch verabschieden, kann sich die Verabschiedung auch

innerseelisch vollziehen. Mit dem Ritual können Sie sozusagen die Seele anregen loszulegen mit ihrer Arbeit.

Sie können also ein althergebrachtes Ritual anwenden oder selbst eines entwickeln. Nicht selten habe ich allerdings erlebt, dass es bei der Planung eines Rituals blieb. Bereits das In-sich-Lauschen und Nachsinnen über das, was man loslassen möchte, und ein mögliches Ritual dazu, bewirkt manchmal einen inneren Anstoß, der plötzlich eine innere Befreiung auslöst. Etwas wird klarer, kommt innerlich an die richtige Stelle – und schon hat man losgelassen. Das Ritual ist gar nicht mehr nötig.

Beispiele für Rituale

Verabschieden und Loslassen

Legen Sie Schere, eine Kerze, ein Stück Kordel, eine feuerfeste Schale und ein Feuerzeug bereit sowie Papier und Stift. Entzünden Sie die Kerze. Während Sie dann die Kordel in Händen halten, denken Sie an das, was Sie loslassen möchten: einen Menschen, eine Erfahrung, eine Angewohnheit. Schreiben Sie auf das Papier, was Sie loslassen möchten. Dann schneiden Sie die Kordel durch und verbrennen sie in der Schale zusammen mit dem Papier.

Verletzungen bearbeiten und verzeihen

Das Aufschreiben und das Aussprechen von Gefühlen und Gedanken, von Verletzungen und Wut hat noch einmal mehr Macht als der reine Gedanke. Gehen Sie in sich und besinnen Sie sich auf das, was Sie verletzt hat. Schreiben Sie der Person, die Sie verletzt hat, einen Brief und lesen Sie ihn laut vor. Lassen Sie Ihre Gefühle zu. Wenn Sie weinen müssen, lassen Sie es laufen, Tränen reinigen. Wenn Sie zornig sind, mache Sie sich Luft, damit wieder freies Atmen möglich ist. Benennen Sie Ihre Gefühle mit aller Deutlichkeit und sprechen Sie aus, was die Verletzung in Ihnen bewirkt hat – in Ruhe und ausführlich. Wenn Sie sich so weit fühlen, können Sie am Ende eine Verzeihung aussprechen. Sie können dieses Ritual immer mal wiederholen und immer wieder dabei ein Stück Ihres inneren Gepäcks loswerden. Und: Verzeihen Sie sich selber.

Mit einer Person ins Reine kommen

Sie können ein Foto aufstellen und mit der Person auf dem Foto das Geschehene besprechen: Derjenige auf dem Foto kann Sie nicht unterbrechen. Sind es Ihre Eltern, Mutter oder Vater, ein Geschwister, ein Expartner, ein guter Freund? Sagen Sie der Person, was Sie gequält hat oder quält, in aller Klarheit. Was hat diese verletzende Situation mit Ihnen gemacht – jetzt oder möglicherweise in Ihrer Kindheit? Sie können am Ende etwas Heilsames anfügen und aussprechen, dass Sie nun loslassen werden und dass Sie nicht mehr möchten, dass diese Verletzungen solch starken Einfluss auf Sie und Ihr Leben nehmen.

Wut zulassen, Wut rauslassen

Eine Klientin erzählte mir von dem folgenden Ritual, das sie für das Loslassen einer starken Wut für sich gefunden hatte: Wenn Wut Sie plagt, füllen Sie sie in eine Tasse, die Sie nicht mehr brauchen. Nehmen Sie direkt Kontakt auf zu Ihrer Wut, Ihrem Ärger, Ihrem Zorn. Sagen Sie all Ihre Wut in die Tasse hinein. Sie können auch einen Filzstift nehmen und Ihre Wutgründe auf die Tasse schreiben. Dann werfen Sie die Tasse mit aller Wucht an die Wand. Eine Scherbe dieser Tasse kann Sie nun weiter begleiten und Sie daran erinnern, den Kontakt zu Ihrer Wut zu halten oder herzustellen, wenn Sie sie brauchen. Steht künftig ein schwieriges Gespräch an, stecken Sie die Scherbe in die Tasche, damit Sie sie erinnert.

Himmelwärts: Alle Menschen, Pläne, Erinnerungen, Eigenschaften fliegen hoch!

Alle Vögel, Schmetterlinge, Blätter fliegen hoch – und auch alles Unliebsame, was Sie fortfliegen lassen möchten. Für diese Zeremonie können Sie sich gut mit einem Freund oder einer Freundin oder sogar mehreren zusammentun.

Sie benötigen einen Filzstift und einen oder mehrere Luftballons. Fahren Sie in die Natur oder an irgendeinen besonderen Ort Ihrer Wahl. Es gibt preiswerte Einmal-Heliumsets mit Luftballons im Handel. Oder kaufen Sie ein paar gefüllte Heliumballons im Geschäft und schreiben Sie mit dem Filzstift alles darauf, was Sie loslassen möchten. Wenn Sie möchten, können Sie Musik dazu hören, eine kleine Abschiedsrede halten, ein Lied dazu singen und dann heißt es ganz praktisch Loslassen, damit die Ballons wegfliegen und allen Ballast himmelwärts tragen können.

Übung: Ein eigenes Ritual entwickeln

Probieren Sie es einmal aus, ein eigenes Ritual zu entwickeln – an dem Beispiel, Ihren Tag gut zu beenden und Ihre Arbeit loszulassen. Sie können als abendliches Ritual einen Tee trinken, etwas Musik dabei hören und bewusst noch mal die wichtigen Situationen des Tages durchgehen. Nach 15 Minuten konzentrieren Sie sich auf das Hier und Jetzt:

Sie betrachten eine Weile die Blumen auf dem Tisch, planen dann, was es gleich zu essen gibt. Sie können auch zur Musik mitsingen, für sich allein tanzen …

Beantworten Sie die folgenden Fragen – am Ende werden Sie bereits Ihr Ritual fertig gestaltet haben:

Wozu wollen Sie ein Ritual erfinden?
In diesem Beispiel: Um nach der Arbeit zur Ruhe zu kommen, um die Arbeit loszulassen.
Für Sie: _____

Wann wollen Sie das Ritual ausführen?
In diesem Beispiel: Das Ritual soll jeden Abend nach dem Heimkommen stattfinden.
Für Sie: _____

Wo soll das Ritual stattfinden?
In diesem Beispiel: Es soll zu Hause stattfinden.
Für Sie: _____

Was brauche ich, um das Ritual durchzuführen?
In diesem Beispiel: Etwa eine halbe Stunde für mich allein, Musik, die mir guttut.
Für Sie: _____

Vertrauen in Ihre Seele benötigen Sie beim Loslassen. Die Seele braucht ihre Zeit, sie geht langsam durch die Veränderungen. Dabei geschieht vieles unbewusst, aber Sie können auf Ihre Seele bauen: Seit Sie begonnen haben, sich mit Ihrem seelischen Gepäck zu befassen, arbeitet auch Ihre Seele mit – was Sie oft gar nicht mitbekommen. Jetzt heißt es: nicht permanent grübeln, überlegen, sondern sich ausruhen. Dadurch verleihen Sie Ihrer Seele die Bewegungsmöglichkeit, die sie so dringend braucht. Besonders aktiv ist Ihre Seele übrigens nachts – und davon handelt das nächste Kapitel.

6. Wache Nächte: Wenn die Seele nachts im Gepäck kramt

Schlafmangel und Biorhythmus

Schlafen ist wichtig für unsere Gesundheit, für Körper, Geist und Seele. Zum einen ist es aus guten Gründen biologisch angelegt, dass wir tagsüber wach sind und nachts schlafen, zum anderen hat jeder Mensch auch seine individuellen Zeiten, in denen er leistungsfähig und wach oder erholungsbedürftig ist. Es gibt Früh- und Spätaufsteher und es gibt Lang- und Kurzschläfer. Alle sind gleichermaßen leistungsfähig, auch wenn Spätaufstehern immer noch oft etwas von Passivität und Leistungsschwäche anhängt, was vollkommen unbegründet ist. Ideal wäre, wenn jeder den eigenen Rhythmus kennen würde und nach der eigenen inneren Uhr leben könnte.

Eigentlich ist die Sonne, das natürliche Licht, unser Taktgeber. Das künstliche elektrische Licht und das Fernseh-Spätprogramm greifen massiv in den natürlichen Kreislauf ein ebenso wie unsere Arbeitszeiten. Wer früh aufstehen muss, obwohl der Körper noch auf Schlafen eingestellt ist, steht schon mit einer Schlafschuld auf. Man schätzt, dass etwa 20 Prozent der Arbeitnehmer durch die Arbeitszeiten gegen ihren biologischen Rhythmus leben müssen. Es entsteht der sogenannte soziale Jetlag. Bei Jugendlichen bis zum 20. Lebensjahr

In nur wenigen Jahrzehnten des technischen Fortschritts haben wir es geschafft, unsere großartig entwickelte biologische Uhr und ihre komplexen Biorhythmen umzustoßen.

Prof. W. Dement,
amerikanischer Schlafforscher

ist es ähnlich: Sie gehen spät zu Bett und stehen spät auf, wenn man sie lässt, weil ihr Körper darauf programmiert ist; doch in der Regel lässt man sie nicht, weil sie früh zur Schule gehen müssen. Eigentlich müsste also die Schule später beginnen, denn körperlich – und somit auch geistig-seelisch – gesehen befinden sich die Jugendlichen morgens zu Schulbeginn noch mitten in der Nacht.

Sogar ein Mittagsschlaf gehört eigentlich zu unserer Biorhythmus-Ausstattung, mit einer idealen Dauer von 45 bis 90 Minuten. Wenn man sich das nicht leisten kann, ist ein kurzes Intensiv-Nickerchen besser als gar kein Pausenschlaf.

Etwa jeder dritte Erwachsene leidet gelegentlich unter Ein- oder Durchschlafstörungen, ungefähr jeder zehnte erfährt starke Beeinträchtigungen durch chronische Schlafstörungen.

Ein- und Durchschlafstörungen können ein Zeichen von zu stark belastendem seelischen Gepäck oder auch von Depression sein. Ebenso können Mehrfachbelastungen in einem Alltag mit Berufstätigkeit und Hauptzuständigkeit für Kinder und/ oder Pflege von Angehörigen Schlafstörungen verursachen; Frauen leiden häufiger als Männer an Schlaflosigkeit.

Wenn Sie unter Schlafmangel leiden, ist zu unterscheiden, ob es daran liegt, dass Sie durch für Sie falsche Schlafenszeiten eine Schlafschuld aufgebaut haben, den bereits erwähnten sozialen Jetlag. Oder ob Sie nicht schlafen können, weil Sie Sorgen, Ängste oder Probleme haben. Beide Schlafmangelformen gehen natürlich oft Hand in Hand.

Jeder hat seine persönliche Schlaflänge, im Schnitt schläft der Deutsche 7,5 Stunden. Wichtig ist aber, dass der Schlaf tief und erholsam ist, es zählt also auch die Qualität.

Wenn wir nicht genug oder nicht gut genug schlafen, sinkt die körperliche und geistige Leistungsfähigkeit, wir fühlen uns tagsüber müde und können uns schlecht konzentrieren.

Das Immunsystem hat mehr Probleme, Infekte abzuwehren. Leiden wir dauerhaft unter Schlaflosigkeit, können wir körperlich erkranken; betroffen sind hier vor allem der Magen-Darm-Trakt und das Herz-Kreislauf-System. Aber auch die Seele leidet unter Schlafmangel. Wir geraten aus dem emotionalen Gleichgewicht, und langfristig kann Schlafmangel zu Depressionen führen, wenn diese nicht schon die Ursache sind. Schlafentzug war früher eine Foltermethode und wer selbst einmal erlebt hat, wie man sich fühlt, wenn man längere Zeit nicht genug guten Schlaf bekommt, weiß auch, warum.

Was tun bei Schlaflosigkeit?

Weil wir nahezu automatisch Gefahr laufen, auf Schlaflosigkeit mit einer falschen Gegenmaßnahme zu reagieren, möchte ich hier voranstellen, was wir keinesfalls tun sollten, wenn wir nicht ausreichend schlafen können:

Nehmen Sie nicht dauerhaft Tabletten ein, also nicht mehr als drei bis vier Tage hintereinander. Länger wäre gesundheitsschädlich und sollte weitestgehend vermieden werden, es sei denn, es ist mit einem Arzt ausdrücklich so abgesprochen und gut begründet.

Ein weiteres oft bedenkenlos genommenes, aber unwirksames und schädliches angebliches Schlafmittel ist der Alkohol: Er entspannt zwar zunächst, lässt Frau Schuld und andere nächtlichen Plagegeister verstummen oder leiser werden und macht schläfrig, aber die Nachteile sind enorm: Nach schnellem Einschlafen durch den Alkohol ist der Schlaf nicht besonders erholsam, da der Körper mit dem Abbau des Alkohols zu tun hat. Wir schlafen leichter und wachen öfter auf. Als Folge sind wir tagsüber noch abgeschlaffter und erschöpfter als ohnehin schon durch den Schlafmangel. Der Biorhythmus leidet mit.

Statt Tabletten oder Alkohol einzusetzen können wir viel anderes für besseren Schlaf tun. Wenn allerdings die Schlaflosigkeit länger als drei Wochen anhält, ist dringend der Gang zum Arzt angesagt.

Im Folgenden führe ich zunächst Hinweise zu den äußeren Bedingungen für guten Schlaf auf; anschließend geht es darum, wie wir mit nächtlichem Grübeln und Sorgen umgehen können.

Gute Voraussetzungen für guten Schlaf

Um wieder zu einem guten Schlaf zu finden, können wir unseren Tag und unsere Schlafumgebung entsprechend gestalten sowie uns vor dem Schlafengehen auf das Schlafen einstellen.

Zur Tagesgestaltung: Für eine gute Nachtruhe ist es wichtig, was wir am Tag machen und wie wir ihn gestalten. Dazu gehört der Umgang mit Stress: Wer den ganzen Tag durchpowert, sich keine Ruhe und Pausen gönnt, permanent innerlich angespannt ist und tagsüber keine Zeit hat zur Reflexion, wird abends schwer zur Ruhe kommen. Dann werden die Anstrengungen und offenen Fragen mit in den Schlaf und die Träume genommen, was nicht besonders erholsam ist oder das Durchschlafen verhindert. Kurz: Fehlt es tagsüber an guter Selbstfürsorge, versucht die Seele nachts Ihre Aufmerksamkeit auf ihre Bedürfnisse zu ziehen. Doch Selbstfürsorge können wir ja einüben (sehen Sie dazu noch einmal das Kapitel über Selbstfürsorge ab Seite 49).

Die Schlafumgebung:

- Das Schlafzimmer sollte kühl und dunkel sein. Rollos oder lichtundurchlässige Vorhänge schützen vor störendem Licht.

- Möglichst ruhig sollte die Umgebung sein.
- Stellen Sie Ihren Wecker nicht in Sichtweite.
- Farben haben Auswirkungen auf die Psyche, deshalb können auch die Farbe der Wände, der Einrichtung und der Bettwäsche im Schlafzimmer eine Hilfe sein. Farben, die das Auge aus der Natur kennt und die seinen Sehgewohnheiten entgegenkommen, sind daher besser als beispielsweise schwarz-weiß oder rot und scharfe Kontraste.

Vor dem Schlafengehen:

- Setzen Sie so wenig elektrisches Licht wie möglich ein; das hilft Ihnen, vom Wachzustand zum Schlafen umzustellen. Auch das Licht des PC-Monitors stört erwiesenermaßen die Produktion des Schlafhormons Melatonin. Dabei geht es um das kurzwellige blaue Hintergrundlicht; an neuen Bildschirmbeleuchtungen wird bereits gearbeitet.
- Das Bett sollte nur zum Schlafen genutzt werden und nicht, um vor dem Fernseher wegzudösen, denn dabei fällt man nur in einen leichten, unruhigen Schlaf.
- Etwa eine Dreiviertelstunde vor dem Schlafengehen sollte man sich darauf vorbereiten. Zu lesen ist hilfreicher als fernzusehen oder im Internet zu surfen. Die Lektüre sollte natürlich keine berufsbezogene sein, sondern privat und leicht und angenehm. Ein Ritual wie eine Tasse Tee oder warme Milch können helfen, die Schlafenszeit einzuläuten.
- Vermeiden Sie Alkohol, Kaffee und Nikotin. Diese stören den Körper und seinen Rhythmus immens und sind nicht nur Gift für die Nerven, sondern auch für einen erholsamen Schlaf.
- Wenn Sie unbedingt etwas einnehmen wollen, dann empfiehlt sich als bewährtes Hausmittel Baldrianwurzel. Dieser kann aber auch Nebenwirkungen haben; danach sowie nach der richtigen Dosierung können Sie den

Apotheker fragen. Auch dies sollte keine Gewohnheit werden; gehen Sie bei andauernden Schlafbeschwerden besser zu Ihrem Arzt.

- Beschäftigen Sie sich abends nicht mehr mit Ihrer Arbeit. Die Sorgen über die Herausforderung des nächsten Tages sind Schlafkiller Nummer eins.

Außerdem wissenswert:

- Zu viel schlafen gibt es nicht, es sei denn man leidet an einer Schlafkrankheit oder Depression. Jeder hat sein individuelles Pensum. Es kommt auf ausreichend Tiefschlaf- und Traumphasen an und nicht auf die Dauer.

- Dass der Vollmond Einfluss auf das Schlafverhalten hat, zeigt eine Studie der Uni Basel. Mondlicht fördert wie jedes Licht die Wachheit. Die Probanden der Baseler Studie schliefen bei Vollmond später ein und insgesamt kürzer. Die Deltawellen im Gehirn, die den Tiefschlaf anzeigen, waren um 30 Prozent reduziert und der Melatoninspiegel sank. Lassen Sie sich also von unruhigen Vollmondnächten nicht irritieren.

- Es gibt jede Menge Angebote, die das Schlafverhalten positiv beeinflussen sollen: Lichtwecker, Musik-CD, die man nachts laufen lassen kann und die mit Deltawellen unterlegt sind, die das Gehirn in Tiefenentspannung zum Mitschwingen bringen sollen. Apps, die Träume mit Hintergrundgeräuschen beeinflussen sollen. Musik-Kopfkissen, kabellose elektrische Schlaf- und Aktivitäts-Bänder, Büro-Schlafkapuzen für einen Mittagsschlaf und vieles mehr. Was für Sie persönlich wirksam und sinnvoll ist, können Sie nur selbst durch Ausprobieren herausfinden.

- Wem klar ist, dass er zu viel, zu lang arbeitet, sich überfordert und schon eine immense Schlafschuld aufgebaut hat, kann eine dreiwöchige Schlafkur ausprobieren, wie sie der Schlafforscher Prof. W. Dement in seinem Buch »Der

Schlaf und unsere Gesundheit« erläutert. Bei Interesse sollten Sie zunächst mit Ihrem Arzt darüber sprechen.

Umgang mit nächtlichen Sorgen

Wenn uns seelisches Übergepäck, Sorgen und innere Konflikte plagen, dann lassen uns diese oft auch nachts nicht zur Ruhe kommen. Nachts scheinen uns diese Sorgen sogar manchmal noch größer und bedrohlicher zu sein als am Tage. Auch hier gibt es letztlich nur einen Weg: Stellen Sie sich Ihren Gefühlen und Gedanken, versuchen Sie diese nicht wegzudrücken, denn wie wir wissen, sind seelische Bedürfnisse auf die Dauer nicht zu verdrängen.

Zunächst zum Praktischen: Bleiben Sie nicht im Bett liegen, wenn Sie nachts nicht schlafen können. Ihr Bett ist Ihr Schlafplatz, es wäre nicht gut, wenn Sie sich angewöhnen, dort wach zu liegen. Stehen Sie also auf, nehmen Sie sich Zeit für Ihre Gefühle und Gedanken. Oder bringen Sie sich mit einem kleinen Ritual wieder zur Ruhe. Für manchen ist es hilfreich, alles, was im Kopf herumgeistert, einfach niederzuschreiben. Dann ist es draußen und auf gewisse Weise schon abgelegt. Wichtig ist, etwas

Dass die Vögel der Sorge und des Kummers über deinem Haupte fliegen, kannst Du nicht ändern. Aber dass sie Nester in Deinem Haar bauen, das kannst Du verhindern.

Aus China

außerhalb des Bettes zu tun und sich erst wieder hinzulegen, wenn Sie richtig müde werden. Lesen, Musik hören, schreiben, einen Kakao oder Tee kochen.

Zum Umgang mit belastenden Gedanken und Gefühlen, die Sie wach halten: Schauen Sie sich genau an, was Sie plagt, benennen Sie innerlich Ihre Sorgen und Gefühle und gehen

Sie hindurch. Ein Gefühl zuzulassen und dabei zu spüren, was an Trauer oder Wut hochkommt, ist quälend und schmerzlich, aber nur so bekommt die Seele die Chance, die Gefühle zuzuordnen und zu verarbeiten, was uns beunruhigt.

Grübelschleife beenden oder Verarbeitungsprozess beginnen?

Diese Frage ist manchmal nicht leicht zu beantworten. Einerseits ist es notwendig, sich seinen inneren Vorgängen bewusst zu widmen, andererseits ist das Grübelkarussell ein bekanntes Symptom bei Depressionen; und leider hilft das Grübeln nicht weiter. Das Grübelkarussell erkenne ich daran, dass ich immer wieder die gleichen Gedanken im Kopf hin- und herbewege, während ich mich im Bett wälze und vermeintlich nach einer Lösung suche. Diese Lösung gibt es aber bei Grübelschleifen nicht, und so beginnen sie immer wieder von vorne. Dadurch findet man keine Erleichterung und keinen ruhigen Schlaf. In diesem Falle ist es besser, nicht weiter in sich hineinzulauschen, sondern herauszugehen und zu handeln, um zur Beruhigung zu kommen: Hilfreich wäre jetzt, mit jemandem zu sprechen, die Gedanken und Sorgen aufzuschreiben, damit sie aus Ihnen heraustransportiert werden. Oder Sie nehmen ein Bad, lesen, trinken einen Tee, malen etwas. Meditieren oder Yoga machen, etwas Musik hören kann ebenfalls aus der Schleife herausführen.

Wenn Sie aber merken, dass ein Gefühl Sie plagt, wie Traurigkeit oder Verletztsein, dann sollten Sie überlegen, woher dieses Gefühl kommt. Haben Sie es sich tagsüber nicht zu fühlen erlaubt? Was ist die Ursache? Vor allem aber: Sie können es Ihrer Seele jetzt erlauben. Auch wenn es sich möglicherweise furchtbar anfühlt: Ihre Seele braucht die Möglichkeit, Geschehenem hinterherzukommen und zu verarbeiten, was da im Argen liegt. Wie oben beschrieben können Sie sich durch Zulassen und Loslassen der Last entledigen (siehe Seite 89).

Nächtliche Trauer, Wut oder Angst

Was können Sie unmittelbar nachts mit belastenden Gefühlen wie Trauer, Wut und Angst tun? Sie können sie wie am Tag bearbeiten, sodass die Gefühle sich verändern. Sie können aber auch gleich einmal einen Realitäts-Check machen: Wovor habe ich Angst? Was kann de facto passieren und wie wahrscheinlich ist es, dass es passieren wird? Wie gerechtfertigt ist diese Angst? Wenn die Angst ein Ereignis am nächsten Tag oder in der nächsten Zeit betrifft, ein Gespräch mit dem Chef oder ein Arbeitsprojekt, ein anstehendes Klärungsgespräch mit einer Freundin oder eine ganz andere, schlimmere Situation, können Sie sich davon ein Bild malen: Wie könnte dieses Ereignis bestenfalls aussehen, was kann Gutes passieren, um alles gut werden zu lassen? Stellen Sie sich das Geschehen genau vor – und dann nehmen Sie sich vor, dass es auch so passieren wird, wie es für Sie günstig verläuft. Solche Fantasieplanung ist Schutz und Vorbereitung zugleich. Sie beeinflusst Ihre Haltung zum Geschehen und ebnet so den Weg dafür, dass dieses Ereignis auch anders ablaufen kann als mit einer pessimistischen Haltung.

Angst, Wut und Trauer sind erlaubt wie jedes andere Gefühl auch, Sie müssen sie nicht verleugnen. Wenn Sie mutig schauen, was real dahinter ist oder passieren kann, kann dies den Druck verringern. Die Angst, Wut oder Trauer hält Sie nicht in Schach, sondern Sie leben mit dem Gefühl. Sie geben ihm – wie jedem Gefühl – so viel Platz, wie nötig ist, um auch allen anderen Gefühlen genügend Platz in Ihrem inneren Wohnzimmer zu gewährleisten.

Wir streben mehr danach,
Schmerz zu vermeiden
als Freude zu gewinnen.
Sigmund Freud

Übung: Nächtlicher Familienrat im inneren Wohnzimmer

Versammeln Sie in Ihrer Vorstellung alle Ihre inneren »Selbstanteile« zu einem Familienrat im inneren Wohnzimmer: Lassen Sie jeden mitsprechen und überlegen, was jetzt bei den nächtlichen Sorgen oder gegen die Angst hilft und was zu tun ist. Wir wissen: Wir bestehen nicht nur aus Angst oder Sorge, aus dem einen jetzt beherrschenden Gefühl, sondern auch aus anderen Anteilen. Da gibt es den erwachsenen Anteil, der dem ängstlichen beistehen und die Dinge zum Guten wenden kann, der helfen kann, auch schwierige Situationen bestmöglich durchzustehen. Es gibt vielleicht auch einen kritischen Anteil, der genau prüft, ob das alles sein kann, ob das alles so stimmt, ob es klappen kann. Und es gibt einen Träumer in uns, der gute Ideen für eine Fantasieplanung beisteuern kann. Es kann auch einen jugendlichen Null-Bock-Teilnehmer geben, der gerne auf alles pfeift.

Schreiben Sie einmal auf, wer alles in Ihrem inneren Wohnzimmer sitzt:

_____

_____

_____

_____

Überlegen Sie, welcher Anteil genug Stimmrechte hat und wer noch welche braucht. Schreiben Sie anschließend auf oder spielen Sie in Ihrer Vorstellung durch, wer aus diesem inneren Familienrat zu Ihrem Problem welche Argumente, Überlegungen und Emotionen vorbringt.

Denkt beispielsweise ein Teil, dass etwas keinesfalls klappen kann, während der andere meint »Ich schaffe das«, dann können Sie überlegen, was Sie tun können, um den »Ich schaff das«-Anteil zu stärken: Was braucht er, um zu wachsen? Ist es etwas, das Sie für sich selbst tun können, oder benötigen Sie Zuspruch von Freunden oder Kollegen oder Menschen aus der Verwandtschaft, von jemandem, der Ihnen eine andere Perspektive vermitteln kann? Wenn Ihr starker Anteil eine weitere Stärkung braucht, um zu wachsen: Wer kann ihm helfen, was würde dieser Mensch Ihnen jetzt in dieser Situation sagen, um Sie zu stärken? Wenn Sie es schaffen, sich diese Worte innerlich vorzustellen, dann ist viel geschafft. Fügen Sie alle Argumente und Gefühle der verschiedenen Teilnehmer zusammen, so entsteht ein neues, stärkendes Gesamtbild zu dem Geschehen, das Sie nicht schlafen ließ.

Nächtliches Ohr: Die Telefonseelsorge

Wenn sich nachts belastende Gefühle aufdrängen, entsteht oft zusätzlich ein Gefühl der Einsamkeit, weil man nicht wie am Tag einen Freund anrufen und sich ihm mitteilen kann. Für solche Situationen gibt es die Telefonseelsorge, die deutschlandweit 24 Stunden am Tag erreichbar ist. Dort kann man anrufen und anonym seine Sorgen auch morgens um 3 oder 4 Uhr mit jemandem besprechen. In Deutschland arbeiten 8000 Mitarbeiter ehrenamtlich bei der Telefonseelsorge mit und leihen Sorgenbeladenen ein Ohr. Zwei Telefonnummern sind geschaltet:

0800/1110111
0800/1110222

Ebenso gibt es eine E-Mail-Beratung, wenn man nicht sofort Antwort bekommen, sondern das Problem erst einmal in Ruhe schildern möchte. Auf http://www.telefonseelsorge.de finden Sie eine Button »Mailberatung«; dort können Sie anonym Ihre Sorgen schildern.

»Ich kann nicht schlafen: Dann bleibe ich eben wach!«
Das ist schon vielen Schlaflosen eine schnelle und gute Hilfe
gewesen: sich einfach damit arrangieren, dass eben der Schlaf
einmal ausfällt oder nicht so gut ist.

Besonders aufreibend am Nicht-schlafen-Können ist, dass
man sich ständig Sorgen macht, man bekomme nicht genug
Schlaf. Man denkt daran, wann man aufstehen und was man
alles am nächsten Tag bewältigen muss. Daraufhin geht es uns
noch schlechter, das regt uns auf, wir können erst recht nicht
einschlafen. Der Blick auf den Wecker vervollständigt den
Teufelskreis: nur noch 2 Stunden, dann muss ich aufstehen,
oje!

Sie können versuchen, aus dem Teufelskreis auszusteigen:

- Sagen Sie sich: »Nun gut, dann bleibe ich eben wach!
  Mein Körper holt sich schon den Schlaf, den er braucht.«
  Das ist beruhigend und darauf kann man sich tatsächlich
  verlassen. Einfach liegen bleiben und ausruhen bringt ja
  auch Erholung.
- Stellen Sie den Wecker außer Sichtweite und hören Sie
  auf, sich auszurechnen, wie viele Stunden Sie noch schlafen könnten. Es spielt keine Rolle: Sie erholen sich, ob Sie
  nun schlafen oder wach, halbwach ausruhen. Durch den
  ständigen Uhrzeit-Check stärken Sie übrigens auch die
  Neigung, nachts immer um die gleiche Zeit aufzuwachen,
  es sich geradezu anzugewöhnen. Also Schluss mit dem
  Uhrzeit-Check!
- Sie können sich eine Einschlaf-Meditation anhören oder,
  bei starker Unruhe, aufstehen und etwas anderes machen,
  zum Beispiel lesen, bis Sie wieder richtig müde sind. Sich
  eine nächtliche ruhige Beschäftigung zulegen kann ebenfalls helfen: Denksportaufgaben lösen, angenehme Musik
  oder ein Hörbuch anhören, zeichnen, puzzeln, basteln ...
  Was fällt Ihnen ein?

Am zuträglichsten ist unserem Nachtschlaf, wenn wir uns mit unserem Seelengepäck tagsüber beschäftigen: Dann muss es uns nachts nicht bedrängen. Nachts wird unser seelisches Abwehrsystem heruntergefahren und es kommt heraus, was tagsüber in den Keller geschickt wurde. Je verantwortlicher und sorgsamer wir mit uns im Wachen sind, desto ruhiger können wir nachts schlafen. Deshalb leisten ein regelmäßiger Tagesablauf und der bewusste und freundliche Umgang mit meinen Empfindungen und Bedürfnissen auch einen unverzichtbaren Beitrag zur Vorbereitung und Aufrechterhaltung einer guten Nachtruhe.

Träume und Albträume: Die Seele ist nachtaktiv

Träume sind für ein gesundes seelisches und körperliches Leben dringend notwendig. Sie dienen der psychischen Regulation und dem Dialog mit uns selbst, sie dienen der Erholung und Verarbeitung von Erlebtem. Träume sprechen zu uns, sie säubern die Seele und sortieren unnötiges Gepäck aus. Nachts beim Schlafen ist das Wach-Bewusstsein ausgeschaltet. Wir erinnern uns nicht jede Nacht an unsere Träume, aber in der sogenannten REM-Phase träumen wir jede Nacht. Träume helfen, Tagesgeschehen zu verarbeiten, Spannungen abzubauen, Wünschen und Fantasien Raum zu geben und uns zu erleichtern. Wir geben im Traum schon manches Gepäckstück ab, befassen uns aber auch mit Gepäck, das wir nicht so einfach loswerden können.

Die Seele spricht in Träumen zu uns und klärt darüber auf, was sie braucht, macht uns aufmerksam auf verborgene Wünsche oder Emotionen, die wir vielleicht nicht gerne fühlen oder uns nicht eingestehen möchten, da sie uns unangenehm sind. Sigmund Freud bezeichnete Träume als »Briefe an uns selbst«.

Der Traum ist der königliche Weg zu unserer Seele.

Sigmund Freud

Es gibt sogenannte typische Träume, die vielen Menschen bekannt sind und die immer wiederkehren. Dazu gehören Träume davon, verfolgt zu werden oder bei einer Prüfung zu scheitern, Träume zur Angst vor einer Prüfung oder über den Tod eines nahestehenden Menschen sowie Flug- und Fallträume.

In sogenannten luziden (lux = Licht) Träumen, die auch Klarträume genannt werden, ist sich der Träumer bewusst, dass er träumt, und kann manchmal den Traum auch lenken. Das Lenken von Träumen kann erlernt werden, was unter anderem auch aus der Yogatradition bekannt ist.

Wenn wir träumen und morgens zumindest Teile davon noch wissen, dann sind wir uns verstandesmäßig darüber im Klaren, dass es ein Traum und keine Realität war. Die Seele aber fühlt weiter die Emotionen, die mit dem Traum verbunden sind. Der Verstand weiß, dass der Traum ein Fantasiebild, ist, für die Seele ist es Realität. Vielleicht kennen Sie das auch, dass ein Traum Sie manchmal noch über den ganzen Tag gefühlsmäßig begleitet und entweder mit Freude, Liebe und Wohlgefühlen oder mit Albdruck, Angst, Wut oder Traurigkeit erfüllt.

Arbeiten mit Träumen

Sobald man sich mit seinen Träumen befasst, erinnert man sich auch öfter an sie. Sich mehrmals abends vorzunehmen »Morgen weiß ich, was ich geträumt habe« bringt die Traumerinnerung in Schwung. Auch das Aufschreiben von Träumen ist eine wichtige Hilfe. Ein Traumtagebuch zu führen ist auch für spätere Zeiten nützlich, wenn man Rückschau halten möchte auf eine bestimmte Lebensphase. Bei der Arbeit mit Träumen lernen Sie schnell zu unterschieden, ob ein Traum lediglich zur Verarbeitung von Erlebtem dient oder ob er eine Nachricht der Seele an Ihr Ich darstellt.

Mögliche Schritte in einer logischen Reihenfolge sind:

1. sich dem Trauminhalt aufmerksam zuwenden,
2. den Sinn und die Botschaft des Traumes verstehen,
3. den Hinweis im wachen Leben umsetzen.

Hat der Träumer die Botschaft noch nicht verstanden oder wollte er sie noch nicht wahrnehmen oder wurde das Thema noch nicht bearbeitet, stellt die Seele um auf den Repeat-Modus. Manche Träume helfen einfach nur zu kompensieren, indem wir in ihnen erleben, was wir tatsächlich nicht leben können, weil wir uns nicht trauen, uns dafür schämen oder es verpönen.

Wenn Sie im Traum einen Sachverhalt anders dargestellt bekommen als im Wachleben, dann können folgende Fragen weiterführen:

- Was ist die Kernaussage des Traumes und warum stellt der Traum die Aussage genauso dar?
- Was ist an dieser Aussage gänzlich anders als im wachen Nachdenken oder im tatsächlichen Leben?
- Welche Ihrer bewussten Gedanken oder Einstellungen werden durch den Traum hinterfragt?

Welche Ihrer Verhaltensweisen im Traum stehen im kompletten Gegensatz zu Ihrem Selbstbild? Ist Ihr Selbstbild einseitig? Wo sind Anteile, die Sie an sich nicht sehen möchten?

Ausschnitt aus einer Traumarbeit

Eine Frau berichtet in meiner Traumsprechstunde, dass sie seit fünf Jahren immer den gleichen Traum in unterschiedlichen Varianten träume. Dabei sei sie im Schlaf auch motorisch sehr unruhig, schlage um sich und schreie – was Freunde und Geschwister, die gelegentlich mit ihr im gleichen Zimmer schliefen, ihr erzählten. (Ihr Partner dagegen habe einen sehr tiefen Schlaf.) Sie selbst merkt es daran, dass sie mit blauen Flecken aufwacht und nachts oft hochschreckt. Wie leicht sie erschreckt aus dem Schlaf erwacht, merkt sie auch, wenn zum Beispiel ihr Partner ins Zimmer kommt, nachdem sie schon geschlafen hat.

Im Traum versuchen dunkle Gestalten in ihr Zimmer einzudringen oder sind schon darin oder stehen vor dem Fenster und sehen hinein, verschleierte Gestalten kommen aus dem Keller nach oben und die Frau ängstigt sich sehr.

Die Frau berichtet in der Stunde weiter, dass vor fünf Jahren ihr Vater verstarb und sie für sich nicht die Möglichkeit gehabt habe, angemessen zu trauern. Sie fühle sich zudem auch für den Rest der Familie verantwortlich.

Wir sprechen in den folgenden Stunden über die Erinnerungen, Gedanken und Gefühle, die nach dem Tod ihres Vaters in der Frau hochkamen, die sie teilweise nicht zulassen konnte oder die sie teils nicht einmal gespürt hatte. Als sie sich bewusst mit ihren Erlebnissen auseinandersetzt und darüber spricht, verändern sich ihre Träume: Zunächst träumt sie von Tieren, die in ihr Haus wollten, die sie zwar nicht hereinlässt, die ihr aber nicht mehr so große Angst machen. Die Klientin sagt, sie hätte die Tiere auch streicheln können, aber sie wollte sie dann doch nicht so nah im Haus haben.

Dann werden die Träume immer konkreter und im Laufe des Therapieprozesses beginnt sie von ihrem Vater, den Schwestern, der Mutter zu träumen und im Traum teilweise auch über die lange zurückliegende Situationen zu sprechen und zu weinen. Natürlich waren auch diese Träume voll schwieriger Emotionen und auch ängstigend, aber in keinem Maße mehr vergleichbar unangenehm wie die unbekannten Eindringlinge zuvor. Jetzt wusste sie, was in ihr gearbeitet hat, sie tagsüber meist gut im Griff hatte und was sie nachts ängstigte: eigene Gefühle der Trauer, Erinnerungen an die schlimme Zeit, als ihr Vater starb und als sie stark sein musste, Sorgen um ihre Mutter und um ihr eigenes Leben.

Die Klientin führte ein Traumtagebuch und konnte so im Laufe unserer Arbeit ihren Prozess nachverfolgen. Nach einer Weile bringt sie dann einen Traum mit, den sie selbst lachend als »klischeehaft« und »kitschig« bezeichnet, da er sehr klar spricht: In dem Traum gleitet sie schwimmend in einem Fluss, hält sich an einem Stück Treibholz fest; es sind dort auch andere Menschen und neben ihr schwimmt auch ihr Vater. Der Fluss fließt durch Waldgelände ruhig dahin. Plötzlich bleibt ihr Vater zurück, die Frau sieht sich um, ruft nach ihm und fühlt sich ein wenig traurig und verwirrt. Dann merkt sie, dass es so gut ist und so sein soll, sie dreht sich nach vorne und gleitet weiter auf dem Fluss. Die Klientin hat für sich eine gutes Gefühl mit diesem Traum gehabt und den Fluss als Fluss des Lebens eingeordnet, in dem sie ihren Vater zurücklassen musste, was traurig machte und auch ein wenig verwirrt, was sie schlussendlich aber akzeptieren konnte.

Selbsterforschung: Meine Träume verstehen

Wollen Sie sich näher mit Ihren Träumen beschäftigen, dann nehmen Sie sich einen konkreten Traum vor und untersuchen ihn ganz genau auf seine verschiedenen Inhaltselemente. Dabei ist zwischen den konkreten Abbildungen der realen Welt und dem symbolischen Verständnis zu unterscheiden: Wann ist also ein Tier auch als Tier gemeint und wann kann man ihm symbolischen Charakter zusprechen? Wann stellt ein Traumelement einen geliebten oder ungeliebten Teil von mir dar, Teile meiner Kräfte, Instinkte oder Eigenschaften? Diese Antwort können nur Sie selbst sich geben. Denn keiner kennt Sie so gut wie Sie. Wenn sie also von einem bestimmten Gegenstand oder Tier träumen, dann haben Sie ganz persönliche Erinnerungen oder Gedanken, die Ihnen dazu einfallen. Jemand anderes wird zum gleichen Element eine ganz andere Assoziation haben, da er eine völlig andere Lebensgeschichte und unterschiedliche Erlebnisse hat als Sie. Insofern kann der Gebrauch von Traumlexika eher hinderlich sein. Vielleicht erstellen Sie besser Ihr eigenes Traumlexikon.

Wenn Sie sich Ihren Traum nun vornehmen, entweder aus der Erinnerung oder weil Sie ihn aufgeschrieben oder gemalt haben, dann sehen Sie sich jedes noch so kleine Objekt an, jeden Menschen, alles, was im Traum vorkommt, und bedenken Sie, an was es Sie erinnert.

- Welche Personen kommen in Ihrem Traum vor?
  Was fällt Ihnen zu jeder Person ein, welche Emotionen tauchen auf und welche Erinnerungen verbinden Sie mit ihr? Was verbindet Sie mit dieser Person?
- Welche Gegenstände kommen in Ihrem Traum vor?
  Was verbinden Sie mit diesem Gegenstand? Wie sieht er aus? Kennen Sie ihn aus dem Wachleben? Sieht er anders aus?
- Auf welche Tiere treffen Sie in dem Traum?
  Was für Eigenschaften entdecken Sie an dem Tier? Ist es gefährlich oder lieb? Wie verhält es sich zu Ihnen und wie verhalten Sie sich zum Tier?
- Welche Gefühle haben Sie im Traum?
  Welche Emotionen tauchen im Traum in den einzelnen Sequenzen und in Verbindung zu den einzelnen Elementen auf? Es kann sein, dass Sie nach dem Erwachen ganz andere Gefühle haben, deshalb konzentrieren Sie sich beim Erinnern auf die Gefühle im Traum selbst.

Weitere Fragen, die Sie sich zu jedem Traumelement stellen können, um es genauer zu untersuchen und zu erkennen, welche Beziehung es zu Ihnen hat, sind:

- Hat die Person oder der Gegenstand oder das Tier eine wichtige Fähigkeit, derer Sie sich bisher nicht bewusst waren und an die Ihr Unbewusstes Sie nun erinnern möchte? Oder könnte es ein Teil von Ihnen sein, den Sie nicht mögen und im Wachen eher wegschieben?
- Können Sie schon verstehen, warum diese Gefühle auftauchen, die Sie wahrgenommen haben, und um welches aktuelle oder erneut aktuelle Thema aus Ihrer Vergangenheit es sich handelt?

◼ Wenn Sie von einem Menschen träumen: Für wen steht er? Für sich selbst, so wie Sie ihn kennen? Oder für einen Teil von Ihnen? Oder ist er eine Mischung aus verschiedenen Personen, die Sie kennen? Und was haben diese Personen für Sie gemeinsam?

Man kann aus vielen unterschiedlichen Perspektiven an einen Traum herangehen und es gibt unendlich viele Deutungsmöglichkeiten. Förderlich kann auch sein, mit jemandem über den Traum zu sprechen und sich Fragen stellen zu lassen. Es ist erstaunlich, was beim Erzählen noch in den Sinn kommt, eine Erinnerung, eine Verknüpfung, an die man ohne Gespräch gar nicht gedacht hat. Aber die Antworten auf Ihre Fragen an Ihre Träume liegen niemals im Außen und stehen in keinem Traumlexikon, sondern sind immer in Ihnen selbst zu finden. Oft trifft man auch auf Dinge, die man kurz vorm Einschlafen gesehen oder gehört hat oder es finden sich Tagesreste, die verarbeitet werden. Träume sind vielschichtig und komplex. Es muss nun nicht sein, dass Sie ein Aha-Erlebnis haben und den ganzen Traum und seine Hinweise verstehen. Es bringt auch im Selbstverständnis voran, wenn Sie nur einiges entdecken, was Ihr Unbewusstes Ihnen mitteilen möchte.

7. Proviantkorb füllen und weiter geht's

Um leichter unterwegs zu sein, laden wir möglichst viel überflüssiges Gepäck ab. Und wir nehmen natürlich Proviant mit, der uns stärkt und Lust auf die nächste Wegstrecke macht. Wie bei unseren täglichen Mahlzeiten sind die Geschmäcker da natürlich verschieden – also füllen Sie am besten Ihren persönlichen Proviantkorb selbst. Lesen Sie zuvor, was wichtig ist für eine gute Wanderung.

Wie man seinen Proviantkorb füllen kann

Essen, trinken, schlafen

Es versteht sich von selbst, dass wir unsere Grundbedürfnisse erfüllen müssen, dass sie eben grundlegend sind für unser Leben. Also essen und trinken Sie ausreichend, gut und in Ruhe, und sorgen Sie für ausreichend Schlaf. Sicher haben wir einige Reserven und können Anleihen an unseren Körper machen, aber auf die Dauer wird sich das Leben auf Pump rächen. Wenn wir uns nicht gestatten, ausgeschlafen, satt und gut mit Flüssigkeit versorgt zu sein, fehlt auch die Voraussetzung, sich mit seelischem Gepäck zu befassen, denn das erfordert Kraft.

Regelmäßigkeit

Es macht einen Unterschied, ob ich mich nach einer langen, anstrengenden Wanderung oder gar Klettertour zu erholen versuche oder ob ich vorausschauend genug Proviant einpacke, um unterwegs gar nicht erst ins Defizit zu gelangen. Den Proviantkorb auffüllen sollten wir möglichst dann, wenn es uns gut geht, in Ruhe. Dann können wir gelassen planen, was wir benötigen und gerne mitnehmen. Wenn es schnell gehen muss, können wir nur schnell dies und das greifen und müssen es dem Zufall überlassen, ob die richtige Stärkung für uns dabei ist.

Und unterwegs planen wir ebenfalls vorausschauend: Wann darf ich denn etwas Gutes für mich tun? Erst wenn ich schon auf dem Zahnfleisch laufe und schon Blasen an den Füßen habe und fast am Verdursten bin? Nein, die Kunst liegt darin, sich rechtzeitig und regelmäßig gut zu nähren und zu pflegen, damit große Defizite gar nicht erst entstehen. Ohnehin gibt es genug Zeiten, in denen uns ungeplant und plötzlich mehr abverlangt wird, als vorhersehbar war; da haben wir reichlich Gelegenheit – und hoffentlich auch Reserven – flexibel zu reagieren.

Gutes sammeln

Auch unsere Seele braucht Nahrung und Reserven, um zufrieden und ruhig durchs Leben zu gehen und auch die schwierigeren Zeiten gut zu überstehen. Über das Seelenfutter, das Sie in Ihren Proviantkorb legen, können Sie ein Ressourcenbuch führen: In dieses Buch können Sie gute Erlebnisse, Ihre Fähigkeiten und Stärken sowie Hilfen, die Sie erfahren haben, schreiben. Wenn es Ihnen nicht gut geht, können Sie in Ihrem Ressourcenbuch lesen und sich daran erinnern, was Ihnen eigentlich alles zur Verfügung steht.

Das Ressourcenbuch

Wir neigen dazu, in guten Zeiten nicht vorzusorgen; wenn Sie Lust haben, machen Sie es sich zur Angewohnheit, morgens und abends in Ihr Ressourcenbuch zu schreiben. Überlegen Sie, welche und wie viele Punkte Sie aufnehmen möchten, ohne sich vom täglichen Schreiben unter Druck zu fühlen.

- Beispiele für morgendliche Aspekte, zu denen Sie Stichworte notieren: Wie fühle ich mich? Was habe ich geträumt? Wie habe ich geschlafen? Meine Erwartungen an den Tag.
- Beispiele für abendliche Themen, zu denen Sie Stichworte notieren: Welche Erwartungen haben sich erfüllt, welche nicht? Was ist gut gelaufen? Was ist nicht gut gelaufen – wie habe ich es dann gemeistert?

Die Erfahrungen, die uns in Krisenzeiten halten und stützen, sind eng an unseren individuellen Lebensweg gebunden und auch an die Personen, die uns wichtig sind. Wir können diese in unserem persönlichen Ressourcenbuch mit uns tragen als Wegzehrung für schwere Zeiten. Denn gerade wenn wir uns auf innere Stärken oder frühere Erfolge besinnen wollen, fallen uns diese meistens nicht ein. Notieren Sie also auch zurückliegende positive Erfahrungen in Ihrem Ressourcenbuch. Berücksichtigen Sie auch Situationen, in denen Sie Hilfe von außen, von anderen erfahren haben, denn auch dies sind Ressourcen, an die wir uns in schwierigen Zeiten erinnern und auf die wir zurückgreifen sollten.

- Was und wer hat Ihnen in Lebenskrisen oder schwierigen Situationen praktisch geholfen, sich zu festigen, die Situation zu meistern?
- Was und wer konkret war für Sie innerlich wichtig, um aus dem Stimmungstief herauszukommen?
- Was und wer hat Ihnen in ganz bestimmten Situationen Halt gegeben und Sie unterstützt, diese Zeit durchzustehen?

Übung: Das eigene Ressourcenbuch erstellen

Am besten unterbrechen Sie hier die Lektüre und legen gleich ein persönliches Ressourcenbuch an. Das kann natürlich auch eine Datei auf Ihrem PC sein – wo auch immer Sie sich am liebsten regelmäßig Notizen machen.

- Legen Sie dann Ihre Aspekte für Ihre morgendlichen und abendlichen Kurznotizen fest: Es geht darum, zweimal am Tag den Blick auf das Positive, Sie Stärkende zu lenken.
- Eröffnen Sie in dem Buch oder in der Datei außerdem Kapitel für Unterstützung in Lebenskrisen (was und wer), für wichtige Hilfen in einem Stimmungstief (was und wer) und Unterstützung in besonderen Situationen (was und wer).
- Tragen Sie sich in Ihren Terminkalender für die nächste Zeit jeweils morgens und abends 10 Minuten Zeit für das Schreiben in Ihrem Ressourcenbuch ein.

Resilienz aufbauen

Resilienz ist die seelische Widerstandskraft, die Menschen in belastenden Situationen oder Erlebnissen aufbringen. Es gibt verschiedene schützende Faktoren, die Menschen helfen, schwierige Situationen zu meistern und eher als Chance zur persönlichen Weiterentwicklung zu sehen und als Herausforderung statt als Niederlage. Diese Resilienz können wir uns, sofern wir sie nicht bereits in der Kindheit mitbekommen haben, auch später noch aneignen. Schauen Sie sich die folgende Liste wichtiger Resilienzfaktoren an: Auf welche gute Kräfte können Sie bereits gut bauen? Welche können Sie weiter ausbauen?

- **Vertrauen in die Selbstwirksamkeit** und Ablegen der Opferrolle: Ich kann mir bewusst machen, dass ich – nicht andere Personen – für meinen inneren Proviantkorb verantwortlich bin und für mich sorgen muss und kann.

- **Selbstvertrauen:** Ich schaffe das! Wer an sich glaubt und sich sagt »Ich schaffe das!«, kann vieles bewegen. Selbst wenn Sie das Gegenteilige Gefühl haben, sagen Sie täglich mindestens einmal laut für sich: »Ich schaffe das!« Ihr Unbewusstes wird es hören und aufnehmen.

- **Soziales Netz pflegen:** Gute Freunde helfen mir, wenn ich es einmal nicht alleine schaffe und es mir nicht gut geht, und ich kann auch anderen beistehen. Wer keine guten Freunde hat, sucht sich welche. Dazu ist es nie zu spät.

- **Hilfe von anderen erbitten können:** An schwierigen Stellen des Lebensweges auch mal zugeben zu können, dass ich alleine gerade nicht weiterkomme und Unterstützung brauche, ist eine große Stärke. Jeder von uns kennt solche Wegstellen, und diejenigen, die stets alleine durchkommen müssen, machen es sich oft unnötig schwer.

- **Optimismus:** Ich kann meinen Blick immer in Richtung Lösung lenken: »Alles wird gut, ich finde eine Lösung.« Auch wenn es sich im Moment nicht so anfühlen mag, hilft das laute Aussprechen. Unbewusst arbeiten Sie dann Richtung »Lösung finden«, denken daran statt an »Geht nicht« oder Ähnliches.

- **Körperliche Bewegung:** Ob es der tägliche Spaziergang oder Ausdauersport ist: Jegliche Form von Bewegung tut Körper und Seele gut.

- **Flexibilität:** Je flexibler ich auf plötzliche Lebensumschwünge reagieren kann, desto weniger leide ich darunter.

- **Humor:** Lächeln und Lachen heilt. Das funktioniert natürlich nicht immer und hängt von der Schwere des Gepäcks ab, aber auch von der persönlichen Einstellung. Doch Lächeln und Lachen sind verbunden mit einem Wohl- und Entspannungsgefühl. Lachen hat Einfluss auf unseren Körper: Muskeln, Kreislauf, Atmung, Nerven werden angeregt sowie das Immun- und Abwehrsystem. Viren und Bakterien werden abgewehrt, auch das Infarktrisiko sinkt. Und der Witz ist ein Instrument, dessen man sich bedienen kann, um aus dem Abstand heraus die Emotion durch den Witz zu ersetzen. Wird es also für die Seele zu gefährlich, meinte bereits Freud, kann man der Welt trotzen, indem man das Gefühl in einen Witz steckt, der lustig und freundlich, manchmal auch aggressiv und feindselig ist und uns in jedem Fall erleichtert. – Also: Was bringt mich zum Schmunzeln, was zum Lachen? Auf solche Gelegenheiten muss ich nicht warten, ich kann sie aktiv suchen.

Glück der Gene, Glück der Seele

In unseren Proviantkorb gehört natürlich auch eine gute Portion Glück. Die Gelehrten streiten darüber, ob es vorwiegend genetisch angelegt ist, wie glücklich man ist, oder ob man es vor allem erlernen muss, Glück zu empfinden. Wahrscheinlich liegt die Antwort in der Mitte.

Kleine Leckereien: Vorbilder und Eigenschaften für den inneren Proviantkorb

Wir sind geprägt worden von dem Umfeld, in dem wir die ersten wichtigen Lebensjahre verbracht haben. Hier haben wir gelernt, positiver oder düsterer, gelassen oder misstrauisch in die Welt zu blicken, uns auf uns zu verlassen oder uns verlassen zu fühlen, optimistisch oder pessimistisch zu sein.

Sobald wir eine einzige Person kennen, die uns vermittelt hat, wie man gut am eigenen Glück schmieden und sich selber Halt geben kann, haben wir eine wichtige Erfahrung gemacht, die uns fürs Leben prägt.

Welche Personen fallen Ihnen ein, die Sie bewundert haben, die Ihnen gezeigt haben, wie Sie auch die Sonnenseite des Lebens sehen und wie Sie auch in schwierigen Zeiten durchhalten können? Notieren Sie die Person oder Personen und die Eigenschaften, die Sie an ihnen bewundern und die Sie anspornen, es ihnen nachzutun. Das können Personen sein, die Sie aus Ihrer Kindheit kennen, oder Freunde, Arbeitskollegen, berühmte Leute:

Person   Eigenschaft

_____   _____

_____   _____

_____   _____

»Was bedeutet für dich Glück? Was macht dich glücklich?«, habe ich verschiedene Menschen gefragt. Sie antworteten mir:

- Nina, 36: Glück ist etwas Unvorhergesehenes, manchmal Überraschendes, nicht Planbares, was sich sehr gut anfühlt – wie Blubberbläschen im Bauch oder Schmetterlinge im Kopf. Manchmal ist es ein kurzer Moment, der einen so fühlen lässt, manchmal hält es lange an und fühlt sich dann wohlig warm an.
- Thomas, 30: Glück ist für mich, wenn ich zufrieden mit mir selbst bin. Und das Zusammensein mit Menschen. Und auch, keine materiellen Sorgen haben zu müssen.
- Markus, 36: Käfer fahren.
- Fritz, 38: Immer genug Schokoladenvorräte haben.

- Larissa, 16: Glück bedeutet für mich etwas unerwartet Schönes zu bekommen, womit ich nicht rechne, und was Unverdientes zu besitzen. Aber auch schöne Momente zu haben mit Leuten, die man liebt und die einen lieben. Wenn es mir super geht, dann ist das auch Glück. Und wenn ich ausgeschlafen bin, bin ich sehr glücklich, und wenn ich keinen Hunger oder Durst habe. Essen macht glücklich.
- Reiner, 69: Glück bedeutet für mich, mit meiner Frau zusammen zu sein. Auch dass ich den richtigen Beruf gewählt habe, wo ich merke, dass ich was bewirken kann, und gute Beziehungen zu den Menschen, die mir dort begegnen. Und natürlich die Familie macht mich glücklich und hält mich in schweren Zeiten.
- Susanne, 68: Leute. Die machen mich happy. Und Natur. Und ich hab mich selbst in schweren Zeiten. Mich machen Menschen und meine Familie glücklich.
- Tobias, 15: Wenn mir was passiert und das ist besser, als ich es erwartet hatte.
- Elli, 55: Gute Zeiten mit den Menschen in der Familie, das macht mich glücklich. Und daran tanke ich auf, die Erinnerungen habe ich dann in Zeiten, wo es mir nicht gut geht.

Vielleicht finden Sie Ihre Gedanken und Gefühle zum Glück in der einen oder anderen Antwort wieder, doch welches Glück Ihres ist, wissen nur Sie. Packen Sie auch Ihre Glücksquellen und Ihre Gedanken daran in Ihren Proviantkorb.

Die Aufmerksamkeit für gute Zeiten schärfen

Wann waren Sie in Ihrem Leben zufrieden? Wann fühlten Sie sich entspannt, frei, leicht? Was hatten Sie in den Situationen, was brauchen Sie, um einen ähnlichen Zustand wiederherzustellen?

Natürlich kann der Expartner nicht hergezaubert werden und kein neuer Job. Hier geht es darum, sich Menschen, Orten und Momenten zuzuwenden, die Ihnen guttun und die Ihnen Energie geben.

Menschen lösen unterschiedliche Empfindungen in Ihnen aus. Wenn Sie mit einem Menschen zusammen waren, der Ihnen nicht guttut, Ihnen Kraft raubt, sodass Sie sich nach einem Treffen müde und erschöpft fühlen, dann ist das jemand, mit dessen Anwesenheit Sie sich zukünftig eher gering dosiert umgeben sollten.

Die Seele nährt sich von dem, an dem sie sich erfreut.
Augustinus

Aber Sie kennen auch Menschen, die Ihnen Aufschwung geben, Kräfte schenken und Sie aufbauen. Nach einem Treffen mit solch einem Menschen fühlen Sie sich wohl und ausgeruht.

Vielleicht ist es auch ein ganz bestimmter Ort, der Sie glücklich macht, eine bestimmte Stadt, ein Ort in der Natur, den sie mit guten Gefühlen verbinden. Und es gibt sicher einige wiederholbare Momente, Situationen, die Sie wieder herbeiführen können.

Besinnen Sie sich darauf, was Sie mit guten Gefühlen versorgt. Denn gute Gefühle sind die beste Nahrung für die Seele.

Innere Haltung zu sich selbst

Wenn Sie Ihren Umgang mit sich selbst betrachten, dann finden Sie sicher Beispiele für eine innere Haltung, die Ihnen guttut: Sie loben sich selbst für einen Erfolg, Sie stellen nicht zu hohe Ansprüche an sich, Sie können sich einen Fehler verzeihen, auch mal über sich selbst lachen und stolz auf sich sein und Ähnliches. Sie werden aber auch Beispiele finden für eine Haltung, die Ihrer Zufriedenheit abträglich ist: Sie verlangen mehr von sich, als Sie leisten können, Sie hadern mit einer Schwäche … Sich das bewusst zu machen kann helfen, um den inneren Proviantkorb mit einer wertschätzenden und unterstützenden Haltung sich selbst gegenüber zu füllen. Sollte Ihnen das sehr schwerfallen, weil vielleicht früher, möglicherweise in Ihrer Kindheit, einer solchen Wertschätzung entgegengewirkt wurde, sollten Sie überlegen, ob Sie sich professionelle Hilfe suchen, mit der Sie diese lebenswichtige Ressource auftun können (mehr dazu in Kapitel 8).

Innen und außen

Nicht für jeden oder nicht jederzeit ist es möglich, direkt die inneren Belange anzugehen. Manchmal ist es auch der leichtere Zugang, erst einmal die äußeren Umstände unter die Lupe zu nehmen und von dort aus etwas zum Guten zu verändern.

Beispielsweise können wir uns als ersten Schritt, um eine wie auch immer geartete schwierige Situation zu ändern, einen Platz schaffen, an dem wir zur Ruhe finden. Stressforscher haben herausgefunden, dass hektische Phasen schon ab acht Wochen Dauer eine Änderung im Hormonspiegel und dem Gehirn zur Folge haben und der Körper und die Seele auf Dauerstress umgestellt sind. Die Folge sind Erschöpfung und Reizbarkeit und die Schwierigkeit, nach einem anstrengenden Arbeitstag zur Ruhe zu kommen und sich entspannen zu können. Wir sind auf chronische Stressbelastung umgestellt, was besorgniserregend ist, aber veränderbar: Durch minimale Änderungen können wir uns wieder in eine mildere Bahn bringen. Entlastende Rituale (siehe Kapitel 5) sind auch hier hilfreich, um von außen erste innere Erleichterungen zu schaffen.

Entspannung fördern

Entspannungstechniken wie Yoga, Autogenes Training, Tai Chi oder Ähnliches helfen im Alltag, auch in kurzen Pausen Abstand zu gewinnen und zu sich zu kommen. Kleine Pausen im Alltag einzubauen und zur Entspannung zu nutzen sowie – wenn möglich – einen kleinen oder größeren Mittagsschlaf zu machen kann dauerhaft Stress reduzieren. Dabei muss es nicht der empfohlene 45- bis 90-Minuten-Schlaf sein; auch ein 20-Minuten-Schlaf kann schon viel bewirken. Solche Pausen verändern unmittelbar die Körperprozesse; schon kurzes Meditieren senkt den Cortisolspiegel (Stresshormon) im Blut.

Ihre Pausen müssen Sie fest einplanen, wie einen Geschäftstermin, sonst fallen Sie allzu leicht beliebigen Alltäglichkeiten zum Opfer. Beobachten Sie sich, damit Sie realistisch einschätzen, wie viel Sie leisten können – nicht: wollen –, bevor sie eine Atempause benötigen. Pausenrituale bieten sich besonders an in Übergängen zum Beispiel zwischen Arbeit und Feierabend, Woche und Wochenende, nach der Arbeit, bevor man die Kinder abholt.

Um Überforderung zu vermeiden, reichen oft schon kleine Änderungen aus. Wie immer schauen wir uns das von zwei Seiten an: Was kann ich in meinem Inneren tun, was im Außen verändern? Ziel kann nicht sein, das ganze Leben zu ändern oder völlig umzukrempeln; es geht darum, dass Sie so mit dem Leben umgehen, dass Sie sich bewusst oder unbewusst gewählt haben, mit all seinen Stressfaktoren, dass es Ihnen gut geht damit. Ziel ist, eine Haltung zu entwickeln, die Sie ruhiger, gelassener und freier macht, sodass Sie mit Ihren Kräften gut auskommen.

Die Selbstfürsorge-Woche

Es gibt Klienten, die sich mit privater und beruflicher Tätigkeit komplett überfordern, weil sie hohen Ansprüchen von außen genügen müssen. Deshalb klären wir in Gesprächen, dass sie auch aktiv Selbstfürsorge betreiben sollten. Sie führen dann über ihre täglichen Selbstfürsorge-Aktivitäten Buch und bringen mir oft schon in der folgenden Woche einen ersten Bericht, was sie sich gegönnt haben.

Die Selbstfürsorge-Woche

Eine Frau, die zwei Kinder hatte und mit einem sehr stressigen Beruf zu kämpfen hatte, war an einen Punkt gekommen, an dem sie nur noch funktionierte. Ihr Akku war leer und sie lief sozusagen nur noch mit Notstromaggregat. Bevor sie also überhaupt schauen konnte, was alles an Konflikten hinter dieser Situation lag, ging es hier erst einmal darum, wieder sich selbst zu pflegen und zu sich zu kommen. Sie beschloss also, das »Projekt Ich« zu starten, täglich feste Treffen mit sich einzuplanen. Sie führte ein Selbstfürsorge-Tagebuch:

Montag: Es geht los: Lieblingsstulle geschmiert, mit dem liebsten Käse und der liebsten Wurst, allein in der Küche bei Kerzenlicht und Ruhe, dazu ein Riesenglas Saft mit sehr viel Zeit und Ruhe genossen.

Dienstag: Zum x-ten Mal am Möbelgeschäft mit Sehnsuchtsblick vorbeigeradelt, diesmal aber scharf gebremst, umgekehrt und endlich den Schreibtischstuhl gekauft, den ich mir so lange schon gewünscht hatte.

Mittwoch: Mittagsschlaf! Außerdem: Mutter mit den Kindern auf den Spielplatz geschickt, Zeit mit mir selbst verbracht, den Kleiderschrank entrümpelt.

Donnerstag: Abermals Mittagsschlaf gegönnt! Spaziergang abends ohne Begleitung.

Freitag: 2 Stunden allein in der Wohnung organisiert, aufgeräumt, gesessen und der Stille zugehört, Lieblingstee getrunken.

Samstag: Aufgeschrieben, warum ich auf mich stolz bin. 2 Stunden mit meiner besten Freundin telefoniert.

Sonntag: Konzert mit meinem Mann besucht, danach Essen gegangen.

Die Klientin blieb dabei, Woche für Woche konsequent »Treffen mit mir« in ihren Kalender einzutragen und Zeit für sich einzubauen mit kleinen Wohlfühl-Oasen, Belohnungen und Dingen, die sie gern mochte.

Übung: Meine Selbstfürsorge-Woche

Bereiten Sie Ihre Selbstfürsorge-Woche vor:

- Sie benötigen einige kürzere feste Zeitfenster, in denen Sie Zeit für sich zur freien Verfügung haben, und zwar täglich. Legen Sie diese Zeiten in Ihrem Terminkalender fest. Außerdem legen Sie einen längeren Zeitraum für sich fest, etwa einen Abend pro Woche.

- Überlegen Sie sich dann, wie Ihre Selbstfürsorge-Woche aussehen soll? Was wollen Sie sich gönnen, was lässt Sie auftanken? Machen Sie sich eine Liste mit Dingen, mit denen Sie Ihre »Treffen mit mir« füllen wollen: ein warmes Bad nehmen, eine Stunde auf dem Sofa mit Ihrer Lieblingsmusik verbringen, einen Spaziergang machen, sich mit einer Freundin treffen, einfach nichts tun …

- Gewöhnen Sie sich an die Selbstfürsorge: Verschieben Sie keinen Ihrer Selbstfürsorge-Termine. Allmählich wird es Ihnen zur Gewohnheit werden, sich selbst gutzutun.

Durch diese stete Selbstfürsorge, die Sie nicht nur als Kur, sondern dauerhaft einführen sollten, füllen Sie Ihren Proviantkorb ständig nach; so sind Sie immer gut unterwegs.

Beispiel: Ankommen, ohne am Ziel zu sein

Was Selbstfürsorge und Eigentherapie in einem sein kann, zeigte mir eine Klientin, die sich entschloss, den Jakobsweg zu gehen. Sie war ein Jahr lang in die Therapie in der Gepäckabgabe gekommen, hatte ihre Doktorarbeit abgeschlossen und wollte sich nun noch einmal auf besondere Weise mit ihrem inneren Gepäck auseinandersetzen.

Das Leben geht, und es geht an vielen vorbei in die Ferne, und um die Wartenden macht es einen Umweg.
Rainer Maria Rilke

Mit großem Eifer bereitete sie sich auf den Weg vor. Dabei musste sie darauf achten, genügend Pausenpunkte einzuplanen. Sie hatte sich ihr Leben lang ein Ziel nach dem anderen gesteckt und war jeweils mit großer Schnelligkeit und Eifer zu ihren Zielen gehetzt. Ausruhen und entspannen war für sie sehr schwierig, sie musste immer in Bewegung bleiben und litt zudem unter Einsamkeitsgefühlen, Eifersucht und Gefühlen großer Enttäuschung über einen anderen Menschen. All das hatte sie innerlich in Gesprächen sortiert und nahm es nun mit auf den Weg.

Sie kehrte mit einer fröhlichen inneren Gelassenheit wieder und berichtete, was ihr passiert war:

»Ich machte mich auf den Weg und merkte, dass es wunderschön ist, in Bewegung zu sein, die Natur zu sehen, Menschen und Tieren zu begegnen. Meine ›inneren Teufel‹, die ich so gerne bewusst angehen wollte, kamen ganz leicht als Gedanken zwischendrin angeflogen und flogen auch wieder weg, sie zogen vorbei wie die Dörfer und Häuser, die am Horizont auftauchen und dann hinter der nächsten Wegbiegung verschwinden. Täglich traf ich Leute, mit denen ich zusammensitzen, essen und reden konnte, aber ich ging dann auch gerne wieder alleine weiter. Ich traf Menschen, die den Jakobsweg aus ganz unterschiedlichen Gründen gingen: aus Dankbarkeit, weil sie eine Krankheit besiegt haben, um zu sich zu kommen oder einfach nur so aus Lust am Laufen. Eine Weile begleitete mich ein wilder Labrador und verabschiedetet sich dann wieder.

Ich habe auf dieser Reise vor allem gelernt, dass meine Einsamkeit nichts mit anderen Menschen zu tun hat, sondern mit mir selbst.

Ich habe gelernt, mich zu verabschieden, weil ich ständig Menschen traf, mich einließ, wieder weiterzog. Und die Gespräche hier im Therapieprozess haben bewirkt, dass ich milder über mich nachdachte und auch die Erwartungen an andere aufgeben konnte. Zu hohe Erwartungen an mich zu stellen bedeutet auch, zu hohe Erwartungen an andere zu richten. Unterwegs hatte ich Blasen an den Füßen. Am Endpunkt der Reise habe ich meine Urkunde entgegengenommen, mein Verbandszeug verbrannt und einen Stein abgelegt. Die meisten Fotos habe ich von unterschiedlichen Wegen dort gemacht: Wege aus Stein, durch Liebstöckel, durch schöne Natur und auch durch Beton. Ein Stück von mir habe ich dort gelassen und fühle mich jetzt heiter und gelassen.«

Nicht für jeden ist der Jakobsweg etwas, aber dies ist ein schönes Beispiel dafür, wie man auf solch einer Reise zu sich selbst finden kann, wie man sich als Selbstfürsorge belohnen und gleichzeitig mit seinen Problemen befassen kann. Die Frau musste vor sich und ihren »inneren Teufeln« nicht weglaufen, sie lief mit ihnen zusammen. Und sie hetzte nicht mehr zum Ziel: Denn mittlerweile war ihr wichtiger, den Weg zu gehen und zu genießen, statt anzukommen. Das ist ein Beispiel dafür, wie man ankommen kann, ohne am Ziel zu sein.

Ihr Gepäck, Ihr Proviant

Der Proviantkorb ist in Ihrem Inneren – wie Ihr Gepäck. Wie Sie darüber entscheiden, welche Gepäckstücke Sie mitnehmen oder ablegen, so entscheiden Sie auch, wie Sie Ihren Proviantkorb füllen. Zu oft wenden wir uns nach außen und erwarten von anderen, dass sie uns Proviant und Stütze sind, ohne zu erkennen, dass wir selbst eine Fülle von Möglichkeiten in uns finden können, um uns selbst beizustehen. Schöpfen Sie aus dieser Fülle, so werden Sie auch entdecken, wie viel Freude diese freie, selbstbestimmte Gestaltung Ihres Lebens bereitet.

Wenn es aber tiefer geht, wenn die Gepäckstücke so schwer sind, dass Sie sie nicht alleine schleppen können, wenn Sie das Gefühl haben, nicht genügend Proviant für sich selbst zur Stärkung aufbringen zu können, dann ist es vielleicht eine gute Idee, mit anderen Menschen in Kontakt zu treten, um sich Hilfe zu holen. Wie Sie jemanden finden, der Sie begleitet beim Sortieren und Ablegen Ihres Gepäcks und der Sie unterstützt beim Aufbau Ihres inneren Proviantkorbs, bis Sie alleine weiterkönnen, lesen Sie im nächsten Kapitel.

8. Zu wem kann ich gehen?

Trotz aller Selbstfürsorge, Innenschau und Selbstreflexion, trotz allem, was wir selbst für uns tun können, wird es immer mal wieder Situationen im Leben geben, an denen wir alleine nicht weiterkommen. Sich selber oder auch anderen einzugestehen, dass man Unterstützung braucht, sehen einige Menschen als Schwäche an. Tatsächlich zeigt derjenige, der zugibt, dass er manchmal alleine nicht weiterkommt und sich Hilfe sucht, Stärke und Selbstverantwortung. Er kann Hilfe annehmen und auch Hilfe geben und geht souverän durchs Leben. Es gehört auch zur Selbstfürsorge, gut einschätzen zu können, wann man Begleitung braucht.

Im Folgenden möchte ich Ihnen eine erste Orientierung geben über die vielfältigen professionellen Hilfen, die es gibt. Voran stelle ich einen Hinweis für akute Situationen.

Akute Hilfe

Sollten Sie oder ein Freund, Partner oder Angehöriger in solche Not geraten, dass Sie nicht ein noch aus wissen oder sich gar Suizidgedanken ankündigen oder konkret aufdrängen, sollten Sie schnell handeln. Ich rate dazu, lieber zu früh um Unterstützung zu fragen, um Schlimmeres zu verhindern, als zu spät.

Sie können direkt in die Notfallambulanz des nächstgelegenen Krankenhauses gehen. Sie können auch direkt die Polizei oder Feuerwehr rufen, die Sie direkt versorgen und zur nächsten Rettungsstelle bringen kann. Es gibt zudem überall in Deutschland örtliche Krisendienste und Anlaufstellen, die Sie im Internet finden, wenn Sie es vorziehen, gleich die Begleitung von einschlägig ausgebildeten Menschen zu erhalten. Mindestens die Telefonseelsorge ist überall erreichbar. Sie können, wenn Ihnen die Schwelle, jemand Fremden anzusprechen, zu hoch erscheint, sich natürlich auch direkt an Ihren Hausarzt wenden.

Wer macht was? Zu wem kann ich gehen?

Es gibt Psychiater, Psychologen, Psychotherapeuten et cetera. Wir klären hier zunächst die einzelnen Begriffe, damit Sie wissen, wer für was zuständig und wie ausgebildet ist.

Ein Psychologe ist jemand, der Psychologie studiert hat, der aber noch keine Therapieausbildung hat. Er darf also noch keine Psychotherapie ausüben. Dazu muss er zusätzlich eine Ausbildung zum psychologischen Psychotherapeuten absolvieren, die mindestens drei Jahre dauert. Der Begriff Psychotherapeut ist geschützt und Psychotherapeuten sind zu unterscheiden von Heilpraktikern für Psychotherapie. Diese Bezeichnung trägt, wer vor dem Gesundheitsamt eine Prüfung abgelegt hat, die Psychiatriekunde und Diagnostik beinhaltet. Es ist aber nicht unbedingt ein Psychologiestudium vorgeschaltet und er muss keine Therapieausbildung absolviert haben. Deshalb ist es wichtig, falls Sie bei einem Heilpraktiker für Psychotherapie Hilfe suchen, der sich auf seinem Praxisschild auch psychotherapeutischer Heilpraktiker oder HP Psych. nennt, dass Sie nachfragen oder auf der Website nachlesen, was für eine Ausbildung er absolviert hat. Es bestehen große Unterschiede in der Qualifikation.

Psychologen können ebenfalls den Heilpraktikerschein machen.

Wenn sich jemand nur Heilpraktiker ohne Psychotherapie nennt, dann hat er den »großen« Heilpraktikerschein gemacht und man kann zu ihm auch mit körperlichen Beschwerden kommen, er darf homöopathische Mittel verschreiben.

Bei der Wahl der richtigen Begleitung ist für Sie daher zweierlei wichtig:

- Prüfen Sie, welche Ausbildung der Therapeut oder Heilpraktiker für Psychotherapie absolviert hat und mit welcher Methode er arbeitet. Erkundigen Sie sich auch, wie lange er bereits praktiziert beziehungsweise welche Erfahrungen er vorzuweisen hat.
- Hören Sie auf Ihr inneres Gefühl. Wenn Sie sich gleich zu Beginn bei jemandem im Gespräch überhaupt nicht wohlfühlen, nehmen Sie Ihr Gepäck und ziehen Sie weiter. Man sagt oft, dass es die Beziehung ist, die heilt, und dass die Methode dann zweitrangig sei. Wenn Sie massive Ängste haben und andere Schwierigkeiten, die eventuell einer medikamentösen Behandlung (Psychopharmaka) oder eines Gutachtens beziehungsweise einer Einweisung in die Klinik bedürfen, dann ist der Psychiater beziehungsweise der Facharzt für Psychiatrie und Psychotherapie der richtige Ansprechpartner. Das sind Mediziner, die sich mit Gehirn und Psyche auskennen und den Wirkungen, die Medikamente auf unser Befinden haben. Auch Ärzte können psychotherapeutisch arbeiten, wenn sie eine Zusatzausbildung zum ärztlichen Psychotherapeuten gemacht haben. Ein ärztlicher Psychotherapeut ist aber nicht gleichzeitig auch unbedingt ein Psychiater.

Ein Neurologe befasst sich ausschließlich mit Diagnostik, Behandlung und Erforschung von Nerven, Muskeln und zentralem Nervensystem. Früher gab es noch den Nervenarzt, das war Neurologe und Psychiater in einem. Heute muss man sich spezialisieren entweder auf Neurologie oder auf Psychiatrie.

145

Damit sind die Möglichkeiten der Hilfestellung, die Sie erhalten können, noch lange nicht ausgeschöpft. Wir wenden uns zunächst einmal genauer den Psychotherapie-Formen zu, bevor wir weiter Alternativen besprechen.

Für Menschen mit seelischem Gepäck, die sich entscheiden, eine Therapie in Anspruch zu nehmen, könnte der erste Gang der zum Hausarzt oder zur Krankenkasse sein: Hier erhalten Sie Hinweise auf oder sogar eine Liste mit Psychotherapeuten in Ihrer Nähe. Der Hausarzt hat möglicherweise auch Empfehlungen zu Therapeuten für Sie, da er Sie kennt.

Es stellt sich dann auch die Frage, welche Form von Therapie Sie machen möchten, und in Verbindung damit bereits die Frage, welche Kosten die Krankenkasse übernimmt.

Welche Psychotherapie-Methoden zahlt die Krankenkasse und was beinhalten sie?

Die Krankenkassen übernehmen drei Verfahren: Die Verhaltenstherapie, die tiefenpsychologisch fundierte und die analytische Psychotherapie. Von der ersten Antragstellung sind fünf probatorische Sitzungen möglich. Bei der analytischen Psychotherapie sind es acht Sitzungen. Bei Kindern und Jugendlichen liegen die Zahlen ein wenig anders, nachzulesen in den Psychotherapielinien der BundesPsychotherapeutenKammer, die Sie im Internet finden: http://www.bptk.de/recht/richtlinien-vereinbarungen.html

Die Verhaltenstherapie
Diese Therapie findet etwa einmal die Woche oder nach Verabredung auch in größeren Abständen im Sitzen statt. Die Krankenkassen bewilligen ab 25 (Kurzzeittherapie) bis 45, in besonderen Fällen nach Verlängerung 60 Stunden, also zwischen sechs Monaten und zwei Jahren. Sie kann als Einzel-

oder Gruppentherapie oder in Kombination durchgeführt werden.*

Diese Therapieform setzt auf kognitive Umstrukturierung, Verhaltensänderung und das Erlernen von Techniken, um die eigene Handlungsfähigkeit zu erweitern und die Selbstregulation zu fördern. Dabei wird auch das Problem analysiert, es wird aber nicht wie in der Tiefenpsychologie nach der Verbindung zu Geschehnissen der Vergangenheit hergestellt. Vielmehr betrachten Therapeut und Patient gemeinsam die aktuelle Situation und es wird von dem Standpunkt ausgegangen, dass ein Verhalten erlernt ist und so auch wieder verlernt werden kann. Die Verhaltenstherapie geht nicht davon aus, dass es notwendig ist, die Ursprünge des psychologischen Problems zu ergründen, um Veränderung zu bewirken.

Die Arbeit ist lösungsorientiert und auf ein Ziel hin ausgerichtet. In der Verhaltenstherapie wird beispielsweise mit Hausaufgaben und klaren Handlungsanweisungen gearbeitet, sowie mit Verstärkung positiven und Nichtbeachtung unerwünschten Verhaltens und der Konfrontation mit angstauslösenden Reizen. Im Gegensatz zu beispielsweise tiefenpsychologisch-analytischen Therapien wird hier der Patient mit einer Spinnenphobie nach und nach in verschiedenen Varianten so oft mit einer Spinne konfrontiert (als Bild, Film et cetera) bis die Angst sich verringert und verschwindet. In den analytischen Verfahren würde eher über die Bedeutung der Spinne gesprochen und nach dem Ursprung den Ängste gesucht. Gefühle und Assoziationen würden abgefragt, um so zu eventuellen Erinnerungen zu gelangen, die der Patient mit Spinnen in Verbindung bringt. Die innere Bedeutung und

* Psychotherapielinien, Bundestherapeutenkammer, neu geändert und Juni 2013 in Kraft getreten, http://www.g-ba.de/downloads/62-492-713/PT-RL_2013-04-18.pdf, Seite 14 ff.

worauf sie hinweist, ist hier wichtiger als das Abtrainieren der Angst.

Die tiefenpsychologisch fundierte Psychotherapie

Diese Therapie findet ebenfalls einmal pro Woche im Sitzen statt (face-to-face-Setting). Sie dauert etwa 50 Stunden und kann in besonderen Fällen bis zu 80 Stunden verlängert werden. Sie ist eine aus der Psychoanalyse entwickelte Therapieform, die das Verfahren der Psychoanalyse abkürzt. (Bei Gruppenbehandlung 40, in besonderen Fällen bis zu 60 Stunden.)

Hier geht es darum, Konflikte und Entwicklungsstörungen der aktuellen Situation zu verstehen und zu bearbeiten. Die grundlegenden Methoden aus der Psychoanalyse werden angewendet, es geht aber nicht um die ausführliche Bearbeitung der zugrunde liegenden Ursachen. Therapeut und Patient arbeiten zusammen an Zielen und Schwerpunkten, die sie vor der Behandlung gemeinsam vereinbart haben, und schauen aber dabei immer wieder mit dem Blick rückwärts in die Vergangenheit, vor allem in die Kindheit.

Wer gar kein Interesse hat, die Gründe für sein Verhalten zu erfahren und die zugrunde liegenden Konflikte, wer nicht gern in die Vergangenheit schauen, sondern vorwärts gerichtet arbeiten möchte, für den sind die analytischen Verfahren eher weniger geeignet. Es gibt auch tiefenpsychologisch orientierte Gruppentherapien.

Die analytische Psychotherapie (Psychoanalyse)

Die Psychoanalyse findet zwischen zwei- und dreimal pro Woche im Liegen statt (Sessel-Couch-Setting). Bewilligt werden bis zu 160 Stunden, in besonderen Fällen bis zu 240 Stunden. Der Patient liegt dabei auf einer Couch, der Therapeut sitzt dahinter. Das hört sich erst einmal vielleicht merkwürdig an, hat aber seine Vorteile: Beim Erzählen sehe ich den Therapeuten nicht und werde nicht abgelenkt durch seine Gestik oder Mimik. Ich kann mich ganz auf mich konzentrieren, aus dem Fenster oder an die Decke schauen und meinen Gedanken laut nachhängen. Laut, damit der Therapeut es mitbekommt.

Der Therapeut stellt eine sogenannte gleichschwebende Aufmerksamkeit zur Verfügung, das heißt, er achtet genau auf das, was der Patient sagt, was es in ihm als Therapeut auslöst, und reflektiert dies. Er macht den Patienten auf etwas aufmerksam, was dieser vielleicht übersehen hat oder wo ein Zusammenhang bestehen könnte. Das, was uns quält, aber meistens unbewusst seine Auswirkungen auf uns hat, soll mit diesem Verfahren ins Bewusstsein geholt werden, damit es betrachtet und bearbeitet werden kann.

Die Psychoanalyse ist eine Konflikttheorie, die von widersprüchlichen Kräften ausgeht, die in der Persönlichkeit miteinander kämpfen. Dabei geht es nicht um die Entwicklung einer harmonischen Persönlichkeit. Der Mensch lernt, sich seine unbewussten Vorgänge bewusst zu machen, sie anzuerkennen und abgespaltene Teile seines Selbst in seine Persönlichkeit zu integrieren, sozusagen um wieder rund und ganz zu werden.

Die analytischen Theorien gehen davon aus, dass die Konflikte in der Kindheit, besonders in den ersten Lebensjahren entstanden sind. In der Beziehung zwischen Psychoanalytiker und Analysand kommt es zudem während der Therapie zu Beziehungsmustern, die der Patient unbewusst so gestaltet, wie sie seinen bisherigen Beziehungserfahrungen zum Beispiel mit den Eltern entsprechen. Hier können nicht nur vergangene Erfahrungen bewusst angesehen, sondern auch neue Beziehungserfahrungen gemacht werden.

Noch mehr Therapiemethoden

Neben den von den Krankenkassen bezahlten Therapien gibt es noch vielfältige andere Methoden. Diese Therapien muss der Klient selbst bezahlen. Einige stelle ich hier vor:

Gesprächspsychotherapie nach Carl Rogers

Die Gesprächspsychotherapie beziehungsweise Klientenzentrierte Therapie beziehungsweise Personzentrierte Psychotherapie oder nondirektive Beratung wird nicht von den Krankenkassen übernommen. Die Gesprächstherapie entwickelte Carl Rogers in den 1940er Jahren. Es handelt sich hierbei um eine nichtdirektive Therapieform. Der Hilfesuchende soll sich nicht als zu Behandelnder fühlen, sondern die Therapie als einen Ort mit Atmosphäre von Akzeptanz, Wohlbefinden und Anteilnahme durch den Therapeuten erleben. Hier heißt der Patient auch nicht Patient, sondern Klient – anders als beispielsweise in der Behandlung bei einem Psychiater. Patient kommt aus dem Lateinischen und bedeutet der Leidende, Erduldende. Klient wird vom englischen Begriff »client«, der »Kunde« abgeleitet, was schon eine allgemeinere Bedeutung hat und auf eine Beziehung »auf Augenhöhe« mit den Therapeuten verweist. Der eine Ausdruck betont mehr die Heilung, der andere mehr die allgemeine Beratung und den Ansporn zur Selbstheilung.

Durch die verstehende, aber eher zurückhaltende Haltung des Therapeuten soll der Klient zur Selbstexploration angeregt werden (sich selbst erkunden), damit er sich besser selbst wahrnehmen und seine Gefühle erforschen und reflektieren kann.

Systemische Therapie:

Diese Therapierichtung geht davon aus, dass wir nicht als Einzelwesen zu betrachten sind, sondern im Zusammenhang mit unserem Umfeld, mit dem wir in Beziehung stehen. Eine Familie ist ein ganzes System, in dem jeder seine Position besetzt und seine Rolle innehat, die eine Funktion erfüllt. Alle wirken gegenseitig aufeinander ein und wenn einer sich verändert, sich also im System bewegt, müssen sich die anderen mitbewegen und auch das Umfeld ändert sich. Derjenige im Familiensystem, der die Beschwerden empfindet, wird als der Symptomträger des Systems gesehen. Gearbeitet wird mit Methoden wie dem Soziogramm beziehungsweise Genogramm, das Sie schon als Methode in diesem Buch kennengelernt haben (siehe Kapitel 4).

Eine weitere bekannte Methode ist die Familienaufstellung. Diese wird auch in der Systemischen Therapie eingesetzt. Es gibt zahlreiche Anbieter solcher Aufstellungen und es empfiehlt sich, genau nachzuforschen, auf welcher Basis der Anbieter arbeitet und was er verspricht. Ich empfehle, solche Aufstellungen jedenfalls nicht als Wochenendseminar zu besuchen, sondern allenfalls im begleiteten Prozess und möglichst in Absprache mit dem Therapeuten, bei dem Sie ohnehin sind.

Es werden mehrere Personen im Raum aufgestellt; sie stehen stellvertretend für Familienmitglieder oder Persönlichkeitsanteile des Fragenden und auch für andere Symbole. Im Lauf der Arbeit werden Themen sichtbar gemacht, die vorher vielleicht nicht klar gesehen werden konnten. Da dies eine anstrengende Arbeit ist, bei der oftmals komplexe und belastende Prozesse ausgelöst werden, ist es besser, einen Ort zu haben – zum Beispiel seine regelmäßige Therapiestunde –, an dem man davon erzählen kann und aufgefangen wird, falls es sehr belastend war. Gemeinsam mit dem Therapeuten kann man dann verstehen und verarbeiten, was diese Aufstellung für das eigene Leben bedeutet. Bitte informieren Sie sich genau über diese Methode.

Die Gestalttherapie hat sich zunächst aus der Psychoanalyse entwickelt, dann aber eigene Strukturen ausgeprägt. Auch hier geht es darum, das bewusste Wahrnehmen und Erleben des Klienten in der jeweiligen Situation zu fördern. Es werden Methoden angewandt, wie beispielsweise Töne und Bewegungen zu finden, die Aussagen verdeutlichen und verstärken, oder das wiederholte und laute Aussprechen von Sätzen. Es wird mit Übungen, Experimenten, Hausaufgaben gearbeitet und der Körper wird insgesamt mit mehr Beachtung bedacht als bei anderen Therapien. So geht es auch um den Klang der Stimme, die Atmung sowie Körperbewegungen und -haltungen. Letzteres bringt noch die

Körperpsychotherapien mit in die Vorstellungsrunde. Hier steht der Körper im Vordergrund, aber das Gespräch gehört bei manchen, nicht bei allen, auch dazu. Es gibt eine Vielzahl unterschiedlicher Körperpsychotherapien, die ich hier nicht im Einzelnen aufzählen und beschreiben kann. Wer aber merkt, dass er mehr über den Körper reagiert und dass er mit Körperbehandlungen besser klarkommt, kann hier sicher einiges Hilfreiches finden.

Weitere Therapieverfahren: Hypnotherapie, Kunsttherapie, Traumatherapie, katathym-imaginative Psychotherapie (eine von einem Psychoanalytiker entwickelte Therapie, bei der mit Tagträumen gearbeitet wird), Musiktherapie, Paartherapie, Familientherapie – und viele andere mehr, die Aufzählung ist natürlich nicht vollständig.

Über die einzelnen Therapiemethoden, so Sie sich dafür interessieren, sollten Sie sich noch genauer informieren, bevor Sie sich für eine entscheiden. Ich konnte die einzelnen Methoden hier nur umreißen, um einen ersten Einblick zu geben. Bedenken Sie auch: Nicht für jeden stimmt jede Psychotherapie und nicht für jeden passt jeder Therapeut. Berücksichtigen Sie dies auch bei Empfehlungen; hat jemand einen guten Therapeuten empfohlen, heißt das noch lange nicht, dass dieser auch für Sie der richtige ist.

Welche Psychotherapie passt für mich?

Die grundlegende Frage ist zunächst, wie Sie an Ihren Beschwerden arbeiten möchten und können und was Ihr Ziel ist. Ist für Sie eine Änderung der derzeitigen Situation und Bekämpfung der Symptome im Vordergrund, wofür Sie Strategien und Techniken lernen möchten, dann kann eine Verhaltenstherapie ausreichend sein. Wenn Sie sich aber nach dem Warum fragen, vielleicht weil Sie mit Beschwerden immer wieder zu kämpfen haben, und wenn Sie sich selbst besser kennenlernen möchten, dann ist eine tiefenpsychologisch fundierte oder analytische Psychotherapie (Psychoanalyse) geeigneter. Manchmal ist, wenn man mithilfe einer Verhaltenstherapie vom Symptom befreit wurde, der grundlegende Konflikt nicht gelöst und die Symptome wandern ab auf einen anderen Bereich hin. Dann hat derjenige wiederholt die gleichen Beschwerden und merkt, dass eine Verhaltenstherapie nur übergangsweise geholfen hat.

Auch eine Kombination mehrere Therapierichtungen kann sehr sinnvoll sein und viele Therapeuten arbeiten ohnehin zwar mit einer bestimmten Methode, die sie aber mit Elementen andere Methoden kombinieren. So sind einige Übungen und Techniken in diesem Buch eher verhaltenstherapeutisch einzuordnen, wie Denken an Vorbilder, bewusstes Umdenken, Entspannungsübungen. (Die Genogrammarbeit dagegen kommt aus der systemischen Arbeit.) Das kann in schwierigen Situationen hilfreich sein wie beispielsweise in angstbesetzten Situationen. Man hat damit sofort wichtige Instrumente zur schnellen Abhilfe zur Hand. Andere Übungen dagegen unterstützen darin, sich selbst und seinen inneren Konflikten auf die Spur zu kommen und genauer nach den Gefühlen, den Beziehungen, dem Warum und den Hintergründen zu fragen. Diese beziehen sich eher auf die Psychodynamik, das heißt innerseelische Kräfte, und haben Einfluss auf die Befindlichkeit, die Dynamik der Seele.

Wie finde ich den richtigen Therapeuten?

Wenn Sie die Therapieform gewählt haben und Kontakt zu einem Therapeuten aufgenommen haben, dann scheuen Sie sich nicht, genau nachzufragen: Selbstverständlich ist es für Sie wichtig zu wissen, welche Erfahrungen der Therapeut bereits hat, welche Therapieformen er einsetzt, wie er arbeitet. Sprechen Sie auch Zweifel und ungute Gefühle, so Sie denn welche haben, direkt an. Das wird jeder Therapeut verkraften, wenn er ein professioneller Therapeut ist. Er wird versuchen mit Ihnen Ihre Zweifel zu verstehen und aufzulösen. Und er wird gegebenenfalls auch mit Ihnen nach einer anderen Therapiemethode oder anderen Therapeuten sehen, wenn klar wurde, dass entweder die Methode nicht die richtige ist oder Sie beide nicht gut miteinander arbeiten können.

Auch im Lauf einer Therapie können Schwierigkeiten auftauchen; Sie sollten das ansprechen und gemeinsam mit Ihrem Therapeuten klären. Manchmal ist es ein diffiziler Prozess herausfinden, was unter Umständen die Zusammenarbeit behindert: Ist das möglicherweise das, was man eine Übertragung nennt, nämlich dass Sie alte Erinnerungen, Gefühle, Muster aus der Beziehung zu Eltern und anderen nahen Bezugspersonen auf den Therapeuten übertragen? Dann kann es von Bedeutung sein, darüber zu sprechen und herauszufinden, was da in Ihnen wirksam ist und ob es sich verändert im Laufe der therapeutischen Beziehung. Oder ist es wirklich der Therapeut selbst, zu dem Sie einfach keinen Draht finden können? Oder kommen sie nicht gut zurecht damit, wenn es sehr in die Tiefe und um Gefühle geht? Oder wird im Gegensatz zu wenig über Ihre Gefühle und Beweggründe gesprochen, werden Hausaufgaben erteilt, denen Sie sich nicht gewachsen fühlen? Dann kann es unter Umständen an der Methode liegen. Das alles finden Sie nur heraus, wenn Sie

- offen und ehrlich zu sich selbst und auch zum Therapeuten sind, Ihre Gefühle und Gedanken dazu aussprechen, auch wenn es schwerfällt;
- ausprobieren, falls Sie sich beim ersten Kontakt mit einem Therapeuten nicht zufrieden fühlen, wie Gespräche mit unterschiedlichen Therapeuten und Methoden auf Sie wirken;
- nachprüfen, falls Sie mehrere Male gewechselt haben und sich immer noch nicht wohlfühlen, ob da nicht doch ein spezifisches Problem vorliegt, das es Ihnen schwer macht, sich überhaupt auf eine Therapie einzulassen.

Suche im Netz

Therapeutensuche

Auf der Seite www.therapie.de können Sie Therapeuten in Ihrer Wohnortnähe suchen. Unter dem Navigationspunkt »Therapeutensuche« können Sie Ihre Postleitzahl eingeben und bekommen eine ganze Liste der Therapeutinnen und Therapeuten in Ihrer Nähe angegeben. Wenn Sie schon genaue Vorstellungen haben, können Sie bei der Suche auch angeben, ob es ein Mann oder eine Frau sein soll, welche Therapierichtung es sein soll, welche Zahlungsmethode möglich sein soll et cetera.

Die Liste, die Sie ausgegeben bekommen, unterscheidet nach psychologischen und ärztlichen Psychotherapeuten,

Psychotherapeuten in Ausbildung und Heilpraktikern beziehungsweise HP Psych.

Diese Internetseite können Sie nutzen, um gegebenenfalls zusätzlich zu Empfehlungen Ihres Hausarztes oder einer Liste Ihrer Krankenkasse zu recherchieren. Ebenfalls Hilfe bei Ihrer Suche bietet die Kassenärztliche Vereinigung. Schauen Sie im Internet, welche Suchhilfe in Ihrer Nähe angegeben wird. Je nach Region kann man über eine Suchmaske Auskünfte bekommen oder direkt dort anrufen.

Bei der Suche nach analytischen Therapeuten sind die Institute die richtige Anlaufstelle. Eine Auflistung der Institute finden Sie auf der Seite der Deutschen Gesellschaft für Psychoanalyse, Psychotherapie, Psychosomatik und Tiefenpsychologie: www.dgpt.de oder bei der Deutschen Psychoanalytischen Vereinigung www.dpv-psa.de/dpv-institute/.

Ehe-, Lebens-, Familien- und Schwangerschaftskonfliktberatungsstellen

Sowohl die örtlichen Bürger- und Bezirksämter als auch die Kirchen haben öffentliche Beratungsstellen, wo Sie sich entweder unentgeltlich oder gegen eine Spende beraten lassen können. Hier arbeiten ausgebildete psychologische Berater, Therapeuten und Seelsorger und bieten Ihnen in meistens kurzen Beratungsprozessen eine erste Seelenhilfe an. Man kann in so kurzer Zeit nicht das ganze Leben aufrollen, aber man kann bis zu einem bestimmten Punkt arbeiten und erst einmal wieder lernen tief durchzuatmen, bevor man weitergeht. Nach einer Pause kann man eventuell erneut dort weiterarbeiten oder man entscheidet sich dann doch für eine Psychotherapie, in der man länger Zeit hat.

Erste Auskünfte finden Sie auf den Internetseiten der Bürger- und Bezirksämter sowie der Kirchen.

Beispielsweise auf der Internetseite der evangelischen oder katholischen Kirche können Sie bundesweit per Postleitzahl die Beratungsstelle in Ihrer Nähe finden, die psychologische Begleitung anbietet zu Themen Adoptionsberatung und -vermittlung, Eheberatung und Paarberatung, Erziehungsberatung und Familienberatung, Jugendberatung, Jugendmigrationsdienste (jmd), Kurberatung für Mütter und Väter, Lebensberatung, Schuldnerberatung und Insolvenzberatung, Schwangerschaftsberatung und Schwangerschaftskonfliktberatung, Sozialberatung, Suchtberatung.

Die Internetseiten: http://www.evangelische-beratung.info und http://www.katholische-beratung.de

Selbsthilfegruppen

Wenn Sie noch keine Therapie in Erwägung ziehen möchten, kann eine erste Anlaufstelle auch eine Selbsthilfegruppe sein, die sich mit Ihrem Thema befasst. Diese Gruppen sind selbstorganisiert, wie das Wort schon sagt, und es ist kein professioneller Therapeut dabei und leitet an wie bei einer Therapiegruppe.

In einer Selbsthilfegruppe haben Sie die Gelegenheit, Menschen zu treffen, die mit den gleichen Themen und Schwierigkeiten kämpfen wie Sie. Das verbindet und gibt das Gefühl, nicht alleine zu sein. In den Gruppen lernt man viel von anderen Betroffenen über sein Problem, bekommt Hilfestellung für das Annähern an Therapiemöglichkeiten, bei der Alltagsbewältigung und erhält emotionale Unterstützung.

Selbsthilfegruppen sind in den letzten Jahren zur vierten Säule in unserem Gesundheitssystem geworden, wenn es um die Bewältigung chronischer Erkrankungen oder psychischer oder sozialer Probleme geht.

Im Internet gibt es die Seite der NAKOS, der Nationalen Kontakt- und Informationsstelle zur Anregung und Unterstützung von Selbsthilfegruppen: www.nakos.de. Sie können sich über Themen und Orte der Selbsthilfegruppen informieren oder auch selbst eine Gruppe gründen, wenn in Ihrer Nähe noch keine Gruppe zu Ihrem Thema vorhanden ist.

Seminare

Wer seine Probleme gern selbst in die Hand nimmt, der kann auch eine Fülle an Seminarangeboten finden. Wer ernsthaft mit psychischen Beschwerden zu ringen hat, dem sei von Wochenend-Psychoseminaren abgeraten. Dort werden in vielen Fällen Techniken eingesetzt, die gefährlich und schädigend sein können, zumal, wenn man anschließend wieder allein ist mit seinen Problemen und den inneren Prozessen, die durch das Wochenende womöglich in Gang gesetzt wurden. Die Folgen können in schweren Fällen von der Depression über die Psychose bis zur Suizidalität reichen. Tiefliegende Probleme löst man nicht in einem schnellen Wochenendseminar. Wem so etwas versprochen wird, der sollte schleunigst Abstand nehmen, die Anzahl unseriöser Anbieter ist groß.

Nutzen Sie jedoch das breite Seminarangebot, wenn es Ihnen darum geht, bei einer nicht zu belastenden Fragestellung in Kontakt mit anderen Menschen zu kommen. Und sollte Ihnen während eines Seminars etwas begegnen, das Ihnen nicht zusagt, dann rufen Sie sich in Erinnerung, dass Sie entscheiden, was Sie mitmachen und was nicht.

In jedem Fall gilt: Es ist Ihr Weg und Sie bestimmen, wohin Sie gehen und wann Sie welche Schritte machen. So werden Sie gut unterwegs sein – mit dem Gepäck, das Sie mitnehmen möchten, und Ihrem wohlgefüllten Proviantkorb. Ich wünsche Ihnen alles Gute auf Ihrem Weg!

Wegweiser zu den Übungen

Hinweise und Kontakt

Meine Praxis heißt *Gepäckabgabe*. Dies ist zunächst ein Ort, an dem der Klient für eine oder mehrere Sitzungen Rast machen, Luft holen und sein Gepäck ansehen und sortieren kann. Als nächster Schritt wird gemeinsam überlegt, ob und welche Therapieform oder ob ein Coaching vonnöten ist, und der Klient wird eventuell weitervermittelt. So fungiert die *Gepäckabgabe* als Brücke zwischen Klient und Therapeut, damit sich Menschen in unserem komplizierten Therapiesystem leichter zurechtzufinden lernen.

Es gibt ebenfalls die Möglichkeit, einen längeren Prozess auch in der *Gepäckabgabe* in Anspruch zu nehmen. Dieser basiert dann auf tiefenpsychologisch-analytischer Grundlage mit einzelnen Elementen der systemischen oder verhaltenstherapeutischen Methode oder des Coachings.

Kontakt zur *Gepäckabgabe*:
http://www.gepaeckabgabe.de